# 1日1課の
# アラビア語

## 教室から実社会へ

水谷 周

كل يوم درس واحد
من غرفة فصل إلى المجتمع العملي

الإعداد: الدكتور أمين ماكوتو ميزوتاني

国書刊行会

# 目次

はじめに　5

## １．注意を要するポイント　7

1 課　学習の姿勢―読書話聞は一体　7
2 課　学習の姿勢―アラブ文化とアラビア語の特徴　11
3 課　発音―意義と方法　15
4 課　発音―単語と文章　19
5 課　文法書と辞書　23
6 課　各品詞のポイント―定冠詞、動名詞、前置詞　27
7 課　各品詞のポイント―名詞、代名詞、関係代名詞　31
8 課　各品詞のポイント―形容詞、接続詞、数詞、副詞　35
9 課　各品詞のポイント―動詞　39
10 課　動詞活用表を壁に貼ること　43

## ２．単語習得のポイント　47

11 課　横方向の拡張―Wehr の辞書を読む　47
12 課　横方向の拡張―ア・ア辞書を読む　51
13 課　縦方向の深化―意味の世界は万華鏡　55
14 課　縦方向の深化―感情表現　59
15 課　縦方向の深化―諸例　63
16 課　縦方向の深化―各種辞典　67
17 課　自分の単語帳―「物の整理は頭の整理」　71
18 課　自分の単語帳―集め方色々　75
19 課　自分の単語帳―実例　79
20 課　自分の単語帳―実例・その２　83

## 3．文章作成のポイント

21 課　動詞文と名詞文　87

22 課　成句と慣用句—独立したもの　91

23 課　成句と慣用句—独立したもの・その2　95

24 課　成句と慣用句—文章を導くもの　99

25 課　成句と慣用句—文章を導くもの・その2　103

26 課　主文と従属文—条件文など　107

27 課　主文と従属文—種々の主従関係　111

28 課　古典表現の活用　115

29 課　古典表現の活用・その2　119

30 課　語順どおりの理解　123


おわりに　127

# はじめに

　アラビア語を学ぶには、文法書を読み辞書を引くというのが、通常のプロセスである。しかしそれだけでは、アラビア語をマスターするのに多くの困難が待ち受けている。なぜなら既に学んだ欧米語やアジア諸国の言葉には見られないツボがあり、隠れた落とし穴もあるからだ。

　そこでそれらのポイントを1日1課というかたちで示すのが、本書の狙いである。全体で30課としたので、約1ヶ月の特訓コースということになる。そこには通常の文法書や参考書には書かれていないが、アラビア語固有の押さえ所と考えられる諸点が満載されている。

　筆者は熱心な学習者に長年アラビア語を教えてきたが、いつもその時々に気づいた諸点を見やすい形で資料を作成して配布してきた。中には「目からウロコ」だと言われたものもあった。それらの資料や簡潔なメモが本書のベースとなった。その内容はいつも学習者が落とし穴に陥らないようにと考え、またまとめて把握すると大きな飛躍が望めると願いつつ記したものが自ずと大半を占めた。

　その心はせっかく人生の大切な時間と相当なエネルギーを注ぐ以上は、是非とも一流の使い手になってほしいということに尽きる。それは実用であるか、あるいは研究用であるかは問わない。要するに表面的な薄っぺらな理解にとどまらない、本格的なアラビストになってほしいという気持ちである。

　少し先を見ても、アラビア語への需要は一層高まることは間違いない。アラブとの往来はますます増えている。2020年の東京オリンピックや、2022年にはカタルにおけるサッカーのワールドカップ開催の予定もある。そうでなくとも、通常ベースの取引や観光、留学などが、増えこそすれ低迷する理由がない。そのような中、本書が少しでも役に立つことができれば幸いである。2016年、タイミングよく、日本アラビア語教育学会が設立されて、今後の日本のアラビア語普及と強化が図られることとなった。関係者の尽力が蓄積されて、全体としての

力量が増進することは間違いないであろう。

なおここで言う「本格的」とは、ほぼ以下のような水準を想定している。それは普通の市民や教養人として恥ずかしくない言動が取れるという姿であり、それ以上のことは考えていない。

1. 新聞の社説欄を読むのに、知らない単語は数個しかない（それ以上だと全体の論旨が汲みにくくなる）。
2. 普通の手紙は楽しく書ける。
3. テレビやラジオのニュースは、7割から8割くらいは聞き取れる。
4. 拙いながら即興で、数分のテーブル・スピーチがこなせる。

それでは目標はここらあたりにあると定めて、30課のポイントを習得することとしよう。

# 1．注意を要するポイント

## 1課　学習の姿勢—読書話聞は一体

　本書の初めにこのような初歩的にも見えることを書くのは、躊躇が全くないわけではない。しかしやはり、何回繰り返されても重要なものは重要であるので、改めて記すことにした。

　明治以来の日本の伝統的な外国語教育はあまり評判が良くなかったことは、広く知られているだろう。シェイクスピアを教える先生が一言も英語を話せなかったとか、文法が説明されればそれで満足してしまう癖が学生の間にも見られたからだ。

　現在でも、アラビア語関係の会議がアラブ側と一緒になって日本国内で行われることがあるが、アラビア語の教育者として参加している日本人でアラビア語で講演をする人をまず見たことがない。全員右倣えと、揃って通訳を依頼しているのが実情である。

　読むことに多大な力が注がれ、聞いて話すことや実際に自分で書くことは、どうしても軽視される時代が長く続いたのだ。それでは片手落ちであり、実用に役立たないのはもちろんのこと、そもそもその外国語を理解しているとは言えないということも大いに問題視されるようになった。それが現代の意識の変化である。

　そこでこの課の課題は、この意識変化を今一度確認することである。もう分かっていると頭では考える人が多いだろうが、しかしそれを実践している人は、それほど多くはない恐れが大きいのだ。

　言うまでもなく外国語の習得には、多くのアドヴァイスや手法がある。自然とその言葉を母国語としている所に住み着いて、下宿でもしながら学ぶ環境が得られればそれに越したことはない。しかしそのような機会に恵まれても恵まれなかったとしても、原理、原則には、それほど大きな差はないと考えてよいだろう。

　その原理、原則を的確に短い言葉で綴ったのは、トロイ遺跡の発掘

で有名なドイツ人富豪であり考古学者、ハインリッヒ・シュリーマン（1822—1890）の次の一文である。彼はアラビア語を含めて 15 の言語を習得し実際にも駆使して、ビジネスと遺跡発掘に成功したのであった。エジプト訪問の機会にはクルアーンを読誦して、エジプト人を驚かせたという話も彼の自伝に出てくる。

　「私はあらゆる言語の習得を容易にする一方法を発見した。この簡単な方法とはまず次のことにある。非常に多く音読すること、決して翻訳しないこと、毎日一時間を当てること、常に興味ある対象について作文を書くこと、これを教師の指導によって訂正すること、前日直されたものを暗記して、つぎの時間に暗唱することである。」（『古代への情熱』岩波文庫、2005 年、25 頁）

　このアドヴァイスの要素を整理すると次のようになる。

　　ア．発音を重視する。
　　イ．翻訳ぬきで、直接に理解する。
　　ウ．毎日継続する。
　　エ．能動的に作文する。
　　オ．丸暗記してそれを暗唱する。

　まず、ア．の発音の重視は、日本の外国語教育の伝統的な文法重視と異なる重要な問題なので、3 課と 4 課で改めて少し詳しく述べることとする。

　イ．にある「翻訳ぬきで、直接に理解する。」とは、言語をそれ自身の文化と文脈の中で理解するということであるが、それについては次の 2 課で詳述する。

　さらに、ウ．の毎日継続することや、エ．の自分で使ってみる能動的な発想は、あまり説明する必要はないと思われる。

　最後のオ．については、丸暗記はやはり文脈重視と関係するし、暗唱するのは能動的な姿勢と関連したポイントである。

　実は外国語習得上必要なポイントは、以上の諸点にほぼすべて尽くされていると言っても過言ではない。それをシュリーマンは誰に教えられるでもなく、商売に必要な言葉をしゃにむにマスターしようとし

て考案するに至ったというわけであった。トロイ遺跡発掘という夢を追って、食べるものにも困る若い日々を過ごさざるを得なかったが、40代半ばから、それに大輪の花が咲いたのであった。

　以上のシュリーマンの挙げたポイントは、時代や学習の動機が何であれ、今でもわれわれの指針として十分尊重してよいものと考えられる。さらには一つの言語を習得するということへの、彼の執念とも思える激しい情熱も見習うべきところがありそうだ。結局彼は15もの言語をマスターするという驚くべき成果を上げたが、商才と共にそれも彼の与えられた才能の一つであったと言えばそれまでである。

　ただし強いて背景を考えれば、彼は幼年の頃より牧師であった父親よりラテン語を厳しく教育されていたということがあった。それによりヨーロッパ語族の一番の根幹を自分のものにするとともに、言語学習という作業自体の勘所を自然と相当高度に身につけていたと考えられる。

　なお話は変わるが最近の脳科学の発達は、言語学習にも大きな余波を及ぼすと思われる。新生児は出生後数時間したら音を聞き分け始めるし、いくつかの機能は半年もすれば退化してしまうという。つまりそれまでに脳神経の網は相当出来上がるので、新たな記憶機能はあまり強化されないそうだ。それ以降発達しうるのは、神経細胞の連鎖を覆うような素材、言い換えれば電線の上にテープがグルグルと巻かれて、そのテープに刺激を伝える記憶の機能が持たせられることもあるという。

　というわけで、我々のしようとしていることは、このテープ巻き作業なのかもしれない。だがやはり努力しない者には、何も報いがないことだけは確かなようだ。

　元へ戻るが、まずここの1課のポイントは、**読書話聞は一体で感受性豊かに身に付けよう**、ということになる。

| メモ |
|---|

## 2課　学習の姿勢—アラブ文化とアラビア語の特徴

　日本は中国やヨーロッパやアメリカを見習おうとしたことはあるが、未だかつてアラブを模倣しようとした例しはない。それだけに日本とアラブとは文化的に縁遠い存在だったということになる。

　この何世紀ものギャップを埋める努力を個人ベースでもするのが、アラビア語の学習上必要になる。アラブ人は謙譲の美徳や誠実さへの高い評価など、日本と似た倫理道徳観を持っているが、それらはアラビア語表現に色濃く影を落としている。広く言えば何語であっても、文化は言葉と表裏一体であり、言語が文化表現そのものなのだ。

　しかし文化というと何か抽象的な印象があるとすれば、その用語に限る必要はない。アラブ人を知るということでもいいのだ。人情には厚いが時間順守は期待できない、組織や制度よりはパーソナルな人間関係が大きな比重を占めるなど、濃厚な民族性を持っている。お返しをするのは早いほうがスッキリするのが日本だとしたら、むしろ時間をかけてあまり貸し借り関係がはっきりしない方を好む面もある。こうしたところを飲み込んでいないと、ちょっとした言葉のやりとりも気まずいものになる恐れがあるだろう。

　百聞は一見にしかず、ということで、留学や旅行で現地に行ってアラブ人と接するのが、一番話は早い。しかし日本に居ても、まず多くの出版物がある。一例を挙げれば、牧野伸也『アラブ的思考様式』（講談社学術文庫、1979 年）。小宇宙に住んでいて大宇宙の総合には関心が薄いという分析であるが、それは『千夜一夜物語』が一齣ずつの小話の連続であることにも反映されている。拙著で恐縮だが、『アラブ人の世界観』（国書刊行会、2017 年）は、アラブ人の正義への執着は、日本文化の恥観念と同様であるとした。またウェブ・サイトを使えば、革命の刻々の進展を自分の部屋の画面で見ることもできる。さらにアドレスに www.wwitv.com と入れれば、世界各国のテレビが見られるので、アラブ諸国にいるよりも多くのチャネルにアクセスできるかも知れない。

また当然重要な文化の一端としては、アッラーを宇宙存在観の中心に置いたイスラームという存在がある。アラビア語のほとんどの挨拶表現はイスラームに根ざしている。イスラーム関連情報の入手に、出版物やウェブ・サイトは事欠かない。片倉もとこ著『イスラームの日常生活』（岩波新書、1991 年）は市民の生活目線の理解を与えてくれるし、拙著『イスラームの精神世界』（日本サウディアラビア協会、2013 年）は信者の心理を解明しようとしている。広く知られた「アッラーが望まれるならば（イン・シャー・アッラー）」という慣用表現にも、本気の場合とはぐらかすために使用される場合とがある。その見分けが付けば、本当にアラビア語が分かってきたということだろう。

　最後に見過ごせないのは、在日アラブ人たちである。正確な人数の統計は存在しないが、全国にまたがっていて決して少数でないことは確かだ。彼らと友人となりまた日本人として手助けのできることをしてあげれば、一石二鳥であろう。そういう筆者もできるだけ彼らを日本紹介と称して、都内などを連れ回している。新宿の末廣亭に落語を聞きに行ったこともあったが、落語の落ちをアラビア語で説明するのは、一汗かくものだ。

　次いでアラビア語の成り立ちの特徴を知っておきたいというポイントである。その主要点を列記してみる。

ア．アラビア語の単語は 3 つの語根が基本になっていることは、学習者なら誰でも知っている。それがすべての形態上及び意味上における派生語の出発点であり基礎であることも周知だ。感覚的にアラブ人も読み、書き、聞き、話しのいずれの局面でも語根から意識が離れないのは、日本人は聞きながら漢字を頭に描きつつ理解しているのに似ている。語根を意識するという新しい習性を、われわれも身に付けよう。

イ．アラビア語はもともとアラビア半島に散在していた部族の言葉を、中世の言語学者が神のありがたい言葉として収集して、体系化させたものである。刀という言葉に、数百あることや、また一つの言葉にまったく異なる意味がいくつも並存するといったことになる原因である。語彙の豊富さを「アラビア語は海のようだ」と自慢げにアラブ人は言

うが、実はこのような背景があるのだ。

ウ．日本語には擬音語が豊富にあるが、アラビア語も同じだ。"ر" ラーには、走り去る音を感じるそうで、事実 فرّ، هرب، مرّ は、逃げる、逃避する、通り過ぎる、の意味である。またネズミのことは、 فأرة という。また"ق" カーフは叩く音で、 دق، شق، طرق などあり、それぞれ、叩く、分ける、ハンマーで叩く、の意味だ。"ح" は、広げる音感で、 ساح، باح، شرح، صاح، مرح はそれぞれ、旅する、露呈する、説明する、叫ぶ、胸襟する、の意味である。"ن" は鼻息の音で、 غنّ は鼻母音化する、という意味。また考える ظنّ もそれに当たるから、昔の人は考えるときには、ウーンと鼻をうならせたのだろうか。

エ．上の音の話にも関係するが、闖入（ちんにゅう）する、という言葉でよくお目にかかるのに、 تغلغل というのがある。いかにも力ずくで侵入してくる様が目に浮かぶ。この語根は、どう見ても３つではない。２つ語根の繰り返しで غلغل となっているからだ。これらの２根動詞の繰り返しはアラビア語が属するセム語ではなく、ブラック・アフリカ系のハム語起源だそうだ。このような話題も語源論のためではなく、アラビア語事情を知ってその習得の一助となればと考える。

オ．アラビア語を巡る言語世界史の潮流も興味深いものがある。アラブ人が非常に自分の言語に誇りを持つのは、フランス人のそれに似ている。書道が職業として成立するのは、アラビア語と漢字文化だけである。またアラビア語から派生した言語は、中世のラテン語と混合したマルタ語とアフリカのハム語と混じったスワヒリ語の二つがあるだけだ。それだけアラビア語は、クルアーンを軸として原型を保ち続けてきている。そのよい対比をなすラテン語はローマ帝国の崩壊とともに死滅の過程をたどり、現在のスペイン語、フランス語など多くのラテン諸語を派生させた。

　　<u>縁遠かったアラブ文化とアラビア語の特徴を知ろう</u>ということが、この２課のポイントである。それらの知識はともすればアラビア語自身とは迂遠なようでも、実際はその逆であることがここで明確になっただろうか。

13

| メモ |
| --- |

## 3課　発音—意義と方法

### 1．意義

　正しい発音が必要なことは何の議論もいらない。だが種々の誤解が発音練習を取り巻いているのが実情だ。ここではまず多岐に渉る発音練習の意義を確認したあと、これらの誤解を総ざらいすることとする。

　まともな発音は、常識人として必須な作法であり教養である。発音を正しくする意識と努力は、聞く耳の鍛錬にもなっている。従ってそれは、目で学ぶだけではなく、耳から学ぶことを可能にしてくれる。聞くことにより、アラビア語の知識が増え、確認され、その結果学ぶ楽しさが出てくることとなる。それらは書き言葉にも好影響があることは言うまでもない。漢字でもいつも書き慣れていないと、すぐに鈍ってきていわゆる当て字をすることが生じるが、自分では当て字をしていることにも気がつかないという現象は誰しも経験があるはずだ。耳を訓練し書き慣れていないとそれと全く同じ現象が、アラビア語でも見られるのである。要するに読み書き、聞き話す、の四側面は一体のものとして機能しているから、聞き話す音の訓練が読み書きにもプラスとなる原理である。

　必要性について正面から訴えるのは、以上に留める。しかしこれでもピンと直感できない人は少なくない恐れがある。筆者が見てきた大半の日本人学習者は、これでも納得できないケースが多いのだ。ここでは何故納得してもらいにくいのかについて、もう少しいくつかの事情を記すことにする。裏からの反証のようだが、それを反省材料にして漸くピンと直感してもらえる契機になるかと期待するからだ。

### ア．アラビア語の発音は運動量が多いこと

　日本語は唇の先当たりで、少量の運動で話す言葉である。だから舌や顎などの発音器官を活発に駆使することに慣れていないのは不思議ではない。他方アラビア語は全く異なって、活発な発声器官の運動を伴うのだ。そうなると呼吸方法も、少量の肺呼吸だけですまなくなり、しきりに腹式呼吸をしていることに気が付かせられるだろう。

アラビア語を発音していると、すっかり口の周りが疲れることに気がつかなければ本当ではない。筆者も中東に住んでいる間は日常の癖だからどうということもなかったが、日本に戻ってからは、アラビア語発音のそのような疲れを覚えるようになった。また日本帰国後暫くの間は、あまりに活発に発音運動をしていることに、われながら「変な日本人だ」との違和感を覚えた記憶もあるくらいだ。

イ．アラビア語の発音は新しい筋肉を必要とすること

発音は明らかにスポーツにたとえられる。新しい運動をするためには、新しい筋肉が必要なのである。だから日本語の延長にあると無意識に捉えるところから、既に誤解が始まっているのだ。テニスであれゴルフであれ、新しいスポーツをするのに新しい動きを習い反復訓練をして、自分の体に覚えさせなければならないと誰しも考えるのではないだろうか。アラビア語の発音訓練を新しいスポーツのカテゴリーで考え取り組むようにしないと、それはそもそも安易な姿勢ということになる事情は判明したはずだ。

2．方法

ここでは多くの日本人学習者が犯しがちな過ちを提示することとしたい。しかもそれらの過ちは、従来パターンの授業であればほとんど教室でも見過ごされてきた諸点である。

ア．準備体操—発音練習に事前の準備体操があるなどとは、聞いたこともない話であろう。しかしスポーツの前には、準備体操は付きものであるはずだ。例えば口を両サイドに開くのは両手で引っ張って最大限に開く形に慣らしておこう。上下運動も同様だ。また舌の動きは、舌先を上の口蓋に当てて細かく振るわせる　R　の動き、舌を少し緊張させてその奥の部分を上の口蓋まで持ち上げる動き（ط、ظ、ص、ض）、逆に舌全体を低くして奥の方から大量の息が出せる動き（ح、خ）、舌の先を前の上下の歯に挟む動き（ث、ذ）などがポイントとなる。

イ．心を落ち着けること—母国語でおなじみの音に近い感覚で外国語の音を捉えてしまう傾向はどの国民にもある。アラビア語の音はアラビア語として聞こう、ということである。そのためにはできるだけ心

を研ぎ澄ませて、飛び込んでくる音に何の先入観や偏見も持たずに、耳をそばだてることにしよう。赤子の心に戻るような気持ちである。

ウ．転写法の活用―アラビア語の発音をローマ字で表記する転写が、辞書などで用いられている。アラビア語自身にはそのような発音表記方法がないのだ。この転写法を十分熟知することで、相当発音方法を逆探知することが可能になる。例えば、ﺙ は th で記されるが、その理由は舌先を上下の歯の間に入れて出す摩擦清音で、英語の th の音であるからだ。それは、s　ではないし、t　でもないということ。知っている人にとっては当たり前もいいところだが、結構この転写法を身につけないままアラビア語の発音と取り組んでいる人が多いので、ここに改めて記しておく。

エ．細心の注意―文章を読む時に文法で逐一確かめるのと同じで、一つ一つの注意を発音練習にも払わなければ上達は望めない。一つの音を細かに確認して、その発音を実践して、そしてその積み上げが一つの文章になり、やがてそれがパラグラフを構成するということになる。いきなり長文の読み上げをしてみても、積み上げるべき一つ一つのブロックが強固でなければ、それは砂上の楼閣である。

オ．個別練習の限界―特定の文字だけを取り出して、その発音を孤立させて練習するのが普通の方法であろう。しかしそれだけでは効果に限界がある。例えば、أخلاق　という言葉の子音であるﺥ　をその前にあるأ　と切り離して発音しても、もう一つ本物にならない。なぜならば أ　の語気の強いハムザにア音があるからこそ、ﺥ　としては母音のない音が出てくるのだ。これが日本語式の柔らかなア音の後だと、ﺥ　にどうしても、その日本語のア音が重なってしまうのだ。ハキハキとした区切りの良い音が、アラビア語の基本であり、それは日本語の曖昧音が好まれる文化とは異なっているということになる。

**　発音練習には誤解が多いが、アラビア語固有の音感に発想の転換をしない従来の延長だけでは、過ちを固定化するのに終わるだろう。**

メモ

## 4課　発音—単語と文章

### 1．重子音とハムザ

　通常アラビア語の発音で難しいとされるのは、4種の重子音 ظ、ط、ض、ص である。それに加えて、غ、ع、خ、ح も難しいうちに入れておこう。重子音を発音する便法は、その後ろに付いている母音を喉の奥から出すことである。そうすれば、子音も重そうに聞こえるので、重子音を発音したように聞こえる。表にすると以下のように簡潔に見えてくる。

| ط ت | 舌の先で破裂させるか、舌の奥の方の盛り上がり部分で破裂するかの違い |
|---|---|
| خ ح | ガラスを曇らせる時の喉の奥のほうから出るハーの音で、清音と濁音の違い。日本人にとって、ح 音は美しい |
| س ص | 舌の先の鋭いsか、舌の奥の盛り上がり部分の摩擦音かの違い |
| ض د | 舌の先の方の d 音か、舌の奥の方の盛り上がりで出す破裂音かの違い。アラビア語は「ض 音の言語」だといわれ、アラブ人には魅力的な音だ |
| ظ ز | 舌の先の方の z 音か、舌の奥の方の盛り上がりで出す摩擦音かの違い |
| ع غ | うがいの時に出る音で、喉彦を震わせるか否かの違い。 |

　しかしここで強調したいのは、以上の表にあるものではなく、ハムザ ء が発音上軽視されがちだという問題である。إن شاء الله をきっちり発音している日本人は、ほとんどいない。多くの場合は、インシャーアッラー、と凹凸もなしに発音されているのだ。まず咽頭からの呼気が入らなければ、ハムザにならない。いわば、スッキリ、あるいは、サッパリ、という二つの言葉の、ッ、という詰まる促音を飛ばして、スキリ、サパリ、といっているようなものだ。ء という文字の形は、アイン ع の文字の頭部分をとったものであり、発音上もアインの喉が詰

まる音の子音部分だけを取ったということである。このことは、ハムザ音は軽視すべきでないという背景を示すであろう。

2．アクセント(以下の例示に基準になる単語として　فعل　を使用)

英語を学んだ際には、一つの単語の中で最も強い音節、アクセントの問題で悩まされた思い出を持っている人は少なくないだろう。試験問題にもよく出る。しかしアラビア語ではアクセントの問題はほとんど生じない。多くの参考書では何も解説されていないので、ここに挙げておくと一応は原則として以下の三点にまとめられる。

ア．すべてアクセントは、原則的に第 1 音節に入れる。

فِعل ، أَفعل ، نَفعل

イ．長母音あるいは二重母音にはアクセントを入れる。　مفعول،فعْلَيْن

複数あるときは、最後のものに入れる。　مفاعِيل، فُعَيْلَيْن

長母音と二重母音の両方あるときも同様で、最後の音節に入れる。

مَفعولَيْن ، فُعْيْلانِ

ウ．例外的なのは、第五型動名詞　تفِعّل　で、第 2 音節にアクセントが入る。

3．繋がり

単語を繋いで読む際注意を必要とするのは、上記のように詰まる促音にはしないハムザトゥルワスルで、これもあまり得意でない人が多い。それには二通りある。

定冠詞の語頭のハムザトゥルワスルと、動詞第 7〜10 型の動名詞の語頭のハムザトゥルワスルである。ただし前置詞との関連などは次の通り、もう少し整理が必要となる。

ア．前置詞　مِن　の後に定冠詞が来るとスクーンは変化し、مِنَ　となるが、それ以外の場合は、مِنِ　となる。

学校から مِنَ الْمدرسة　エジプトの国民投票から مِنِ اسْتِفتاء مصر

イ．それ以外の前置詞　عن　などのスクーンは常に、عنِ　となる。

ウ．في ، إلى　は定冠詞の前では短母音になる。

エ．أوْ　は上のイ．と同様、常にカスラの音が出て、أوِ　となる。

オ．定冠詞に動詞第 7〜10 型の動名詞が続く場合、常に定冠詞の　ـلـ

にはカスラが付いて、 -ِ となる。

開会 الاِفتتاح 入植 الاِستيطان 連合 الاِئتلاف

## 4. 文章全体のイントネーション

　アラビア語のイントネーションの問題を扱っている教科書は見当たらない。一般的に日本語の読み方は抑揚に乏しく棒読みの印象が強いが、アラビア語でははるかに上下のイントネーションがきいて躍動感に溢れている。その基本は、先に来る前半部分は登り調子、後に来る後半部分は降り調子である。大切なことは、アラブ人はこのような調子を守り、そのムードに乗って聞きながら意味を追っているということである。つまりその調子から外れると、こちらの言っていることをきっちり理解してもらえないか、あるいは誤解を招くということになるのだ。

　最後に美しいアラビア語表現の一例を挙げてみる。このようなサンプルはシュリーマン並に丸暗記すれば、一生の財産になるだろう。
「人間性というほど素晴らしい言葉があろうか。またそれほどに聞く人の心を喜ばすものがあろうか。またそれほどに心が落ち着くものがあろうか。人間性のテーマは、教育のよって立つ最重要なものでなければならない。それは、諸国の道徳を成り立たせ、また人類の子孫の将来を強欲にも狙うような人達の悪徳を妨げつつ、学生たちに幼い頃から教えられるべきものである。ましてや文明化されていない人達については、言うまでもない。」

**ما ألطف كلمة الإنسانية! وما أشرحها لصدور سامعيها! وما أسكن الخواطر إليها! كان ينبغي أن يكون موضوع الإنسانية أهمَ درس يعَوَّل عليه في التعليم، ويتلقَّنه طالبو العلم في نعومة أظفارهم تقويما لأخلاق الأمم، ومنعا من شرور بعض البشر الذين يطمعون في مقدَّرات أبناء طينتهم. فما ظنك بغير المتحضرين.**

　<u>結局正しい発音とは、素直に正しく意味を伝えるものだという基本を</u>確認しておこう。

メモ

## 5課　文法書と辞書

### 1. 扱い方の違い

　語学の習得に文法書と辞書は不可欠で、誰しもお世話になる。ただし才気と好機に恵まれた、シュリーマンはそうでなかったようだ。本書はアラビア語習得のために、種々の押さえ所や注意を要する落とし穴を指摘することに重点を置いているので、ここでもそのような視点からの記述をする。

　ここで言うのは、文法書と辞書とは扱い方が初めから異なるということである。つまりどの辞書も常に更新されているのが普通である。だから数年すれば改訂版が出されて、使用する方もその新版に乗り換えることはよくある。このように**辞書は買い替えるが、他方で文法書は一生ものだ**ということである。従って長年の使用により辞書は汚れれば買い換えればよいが、文法書の方はあまり汚さないように一生の財産として扱うべきなのだ。

　文法書が一生の財産になるという意味は、そこに種々の書き込みをするかもしれないが、その一つ一つが自分の知識の源泉であり、そのように自分のものとなった文法書はそれ以外にはこの世に存在しないからだ。そして文法事項の一つ一つが自分の心身の一部のようになってこそ、その言語がマスターできる、つまり本格派へと進めるということになるのだ。

　アラビア語の辞書といえば何を置いても、Hans Wehr, *Arabic English Dictionary* (NY, 2013) が秀逸である。ただし原書はドイツ語であるが、日本で普及しているのはそれの英語版だ。この辞書の唯一の問題は、類義語が多数記載されているが、それを正確に読み分けるだけの英語力が必要となるという点だ。英語のニュアンスの違いを理解しなければ、せっかくの利点を生かせないで、ザルから水が漏れ出ているような状況になる。

　ではどうしてその日本語版が出ないのか。おそらくはそれらの多数の類義語を日本語に訳すのは、手間暇の問題よりは日本語として対応

するのが難しいのであろう。要するに、日本語では細かなニュアンスを的確に言い分けることが出来ないものが多数あるので、それならば英語のままで十分だということである。

　読んで実に楽しい辞書は、『基礎日本語学習辞典』（国際交流基金、2010 年）であるので、是非ここで紹介しておきたい。これはカイロ大学日本語講座の人たちを中心に編纂され、アラブ人が日本語を学習するのを念頭にまとめられたものだ。例えば、「高い」という形容詞をとっても、位置が高い、値が高い、声が高い、温度が高い、地位が高い、という五つのケースに分けて、丁寧に例文が多数記載されている。日本人ならばあまり気の付かないような細かな区別をしながら、日本語が細かく整理分析されていて、それに対応するアラビア語が書かれているので、日本人にとっては読んでいて楽しくアラビア語の勉強をさせてもらっているということになるのだ。


## 2.　文法は二度学習

　文法に関するツボは、二種類の文法書を学ぶということである。どのテキストをとっても必ず長所と短所がある。そこで中心となる文法書に加えて、もう一種類を自分で選んで学習する必要がある。

　同じ文法事項であっても別の説明方法が極めて有効であるかもしれないし、あるいは従来の理解を別の視点から眺めることで、理解に膨らみが生まれるかもしれない。また文法は学者が体系化した産物であり、使用頻度には関係なく並置されたものである。そこで文法の教科書を終了して暫く経つと誰しも経験するのは、日頃使用しない部分は記憶が薄れるということである。使わないものまで覚える必要はないとしても、今一度自分の理解と記憶を練り直すという作業をするのだ。知識が現実の必要に即した形で熟成し、そうしてこそ本格派ということになる。

　文法書については、J. A. Haywood & H. M. Nahmad, *A New Arabic Grammar* (London, 2000) が自習向きに出来ているという意味で、類書の群を抜いている。分厚いが一応始めの 40 課ほどまでが、現代アラ

ビア語に必要な文法事項を含んでおり、それ以上は上級文法に入るので、急いで読み進める必要なない。もちろん同書は英語であるので、英語力が不足気味の場合は猫に小判となってしまう。

　辞書のところでも触れたが、実は英語をよくしないでアラビア語を学ぶこと自体、あまり望ましいことではない。英語は国際言語であり、中東でも英語の知識を前提に作業が組まれることは少なくない。英語を重視して、し過ぎることはないのだ。

　他方日本語のアラビア語文法書はどうしてこれほど多いのかと思うが、一応『大学のアラビア語詳解文法』（東京外国語大学出版会、2013年）が標準になるかと思われる。かなり自習者にも使用可能なように作成されているようだ。『大学のアラビア語表現実践』（2013年）と『大学のアラビア語発音教室』（2014年）も追加された。

　なお日本人向けにアラビア語をアラビア語で教えようというのが、在東京アラブ　イスラーム学院の特徴である。その教科書は、読み書き話し聞くという四側面に関してライン・アップが出揃っている。決して楽ではないが、本道を貫こうという姿勢である。他方その内容はただアラビア語でアラビア語を学ぶのみならず、文法体系がアラブ式になっており、例えば動詞の派生型というものは教えられない。従ってその一覧表も見ないままに、2年間過ごすこととなっている。この点はアラブ諸国に住むのであれば問題はないだろうが、外国である東京での実験であり、その成長を見守るしかないと思われる。

　むしろ日本語や英語のアラビア語文法書を大学などで扱う場合には、アラブ　イスラーム学院の教科書を副読本にすると、間違いなく非常に刺激的で良い参考書となることは請け負える。

　もう一度繰り返すと、<u>ここのポイントは二種類の文法書を学ぶ必要があるということ</u>である。ほぼ知っていることを多少は距離を置いて別のアングルで平行して読むと、筋力アップで、力が定着すること請け合いである。

| メモ |
|:---:|

## 6課　各品詞のポイント—定冠詞、動名詞、前置詞

### 1. 定冠詞

　日本語にない品詞は、それだけ慣れるのに手間取るのは当然だ。その第一は、定冠詞である。しかしアラビア語の定冠詞は欧米語のそれと比較するとまだ簡単で、「アル」は基本的にはいつも使用されると考えておけばよい。

　むしろそれが付いていない場合、つまり**不定名詞とすべきケースをきっちり心得る**のが課題である。ではそのようなケースは何かということになると、文法書では解明されないのが多い。一応の目途としては、次のようにもまとめられるだろう。

ア．新組織（政府や会社など）設立の際、初めて言及する時

イ．構成要素としての物質名詞（木の船 سفينة خشبٍ、コップ一杯の水 كوب ماءٍ）

ウ．前置詞と組み合わせて副詞句を作るとき

　（信頼している على ثقة 、一方で من جهة 、新たに من جديد）

エ．明らかに不定形が求められるケース（数が一つ、不確定なもの）

　ただし以上は残念ながら絶対というほどの指針ではない。結局はいつも自分で諸例収集のアンテナを張って、知識と経験を拡張する努力でブレを最小にするしかないのが実情である。英語でも a と the の区別が間違いなくできる外国人は、極めて少数だ。一方話し言葉だといちいちどれかと考える暇はないのだから、調子で選択肢が決まることとなる。それだけに日頃より、不定名詞を意識して、オウム返しにして馴染んでおくのが一番なようだ。

### 2. 動名詞

　動名詞は「〜すること」と訳されるが、その使い方は単純ではない。

ア．平易な使用法は動詞の後でその動名詞を通常の名詞のように見立てて、それを対格にして用いる場合である。その意味は強調であったり、その動作の仕方であったり、あるいは単に文章のリズムのために

挿入するケースもある。これらの用例は、多くの文法書に掲げてある。

ضحك الرجل ضحكا كبيرا. その男は、大声で笑った。

イ．文法書に指摘がない用法は、**日本語ではその動名詞がないのが普通だが、アラビア語だと動名詞を入れないと文章として舌足らずになってしまうケース**である。

تمتعتُ بمشاهدة هذه المباريات. この試合の観戦を楽しんだ。

　要するに、この試合を楽しんだ、ということだが、アラビア語ではどうしても、「この試合の観戦を楽しんだ。」として、観戦すること、という動名詞を省略できない。

　他の例として、

إن تنفيذ القانون هو عمل الإدارة. 法律の執行は、行政のすることである。

　これも「法律の執行は、行政のすることである。」として、すること、という動名詞が入ってくるのである。日本語では、法律の執行が行政である、となるだろう。

يمتاز في كتابة الخطاب 彼は手紙を書くのがうまい。

　これも日本語では、彼は手紙がうまい、として動名詞である「書くこと」 كتابة は顔を出すことはないだろう。

　動名詞使用の以上のような日本語との違いをまとめた参考資料はない。アラビア語としてはその動名詞がなければ、舌足らずなアラビア語になってしまうという事実は、アラビア語としてはこれ以上説明を必要としないだろう。


3．前置詞

　前置詞も日本語にない品詞だが、他方英語などで親しんだ印象がある。しかし機能面では相当アラビア語は異なっていることが、本書で指摘すべきポイントである。

　何が違うかというと、アラビア語の場合は、動詞との連携が非常に密な場合が多いということである。それはほとんど一体に扱われるべきで、動詞はその特定の前置詞がないと機能しないケースが少なくない。

そこで<u>前置詞は動詞と一体化して覚えこむ必要がある</u>というケースが多い。ここでいう動詞と一体化した前置詞というのは、もう動詞の一部のようなもので、どちらかというとその動詞の後置詞といった方がぴったりしている。

　例えば、保護する　احتفظ بـ ---　を見ると、この　--- بـ　の前置詞なしでは動詞自体が使えなくなるのである。ついで受身になる場合は、保護される--- بـ أُحتُفِظ　とするので、今度は前置詞がなくては保護されるものの受身形もできなくなる。

　さらには、関係代名詞が入ると、その保護された政策、というのは、السياسة التي أُحتفِظ بها　だから、やはり前置詞がきっちり出てこないと、関係代名詞でつなぐこともできなくなる。

　これらの前置詞と動詞の組み合わせには何の法則もなくて、一つ一つを記憶にとどめておく努力の繰り返ししかない。少々その例を無作為に上げて見てみよう。

保存する　--- حافظ على　、防衛する　--- دافع عن　、可能だ　تمكن من ---

習慣である　--- اعتاد على　、完璧である　--- تضلّع من أتقن في ---、行う　قام بـ --- --- 、〜を示す　أشار إلى---、攻撃する　هجم على ---، غزى على ---、

知らせる　--- أحاط علما بـ ---، أفاد بـ ---　、支配する　--- سيطر على هيمن على ---

〜から構成される　تكوّن من ---، تشكل من ---، تركب من --- 、有名だ　اشتهر بـ ---

　これほど多数あると名称は前置詞でも、むしろ動詞の目的となる言葉を導くために、動詞の後ろに来る後置詞のようだということになる。ちなみに前置詞という文法用語はアラビア語では、حرف الجرّ（引っ張る文字）という名称である。つまりその後に来る言葉を引っ張り出す機能があることに着目されているということ。

　そしてある特定の動詞は、特定の「引っ張る文字」を要求するので、後置詞のようだという言い方にもなったということだ。

メモ

## 7課　各品詞のポイント—名詞、代名詞、関係代名詞

### 1. 名詞

　名詞のポイントは、二点ある。その第一は、不規則複数形を間違いなく駆使することだ。しかしそこは上手く出来ていて、不規則複数形といっても大きなパターンの規則性はある程度ある。**単数形と不規則複数形を一対で覚えることがコツである。**

　ある程度この繰り返しが進むと、今度は不規則形を言われなくとも大きなパターンにしたがって自分で見つけるか、作れるようになる。同じことの逆は、不規則複数形からその単数形が辿れてこそ、辞書でチェック可能ということだ。

　第二には、男性、女性の別である。一見女性名詞には見えないような、حرب، روح، أرض، نار، جهنم، دار، شمس، شمال، يمين といった初歩的な単語は、女性名詞でも使用頻度が高いのですぐに身に付くだろう。また国名、街名などが原則女性であることも、すぐ身につくはずだ（イラク、レバノンは男性）。そしてこれらの女性名詞が男性のままだと、どこか居心地が悪いと感じるようになるのが目標である。他方よほど使用頻度の低いものは、アラブ人でも間違うのが名詞の性別問題である。

### 2. 代名詞

　人称代名詞、接尾代名詞や指示代名詞については、普通の文法書に出てくること以上には特段のコツはない。そこで次の例文を見よう。

　　　しかし環境は以前と同じだ。　　لكنه تقع الظروف كما كانت هي عليه.

　この文章の中の、最初の ه は、主語の الظروف が動詞の後からくるので形式的に用いられたものであり省くことはできない。

　次に هي はその前の主語の الظروف を繰り返したもので、文章の調子を整えるためのものであり、これは省略しても問題はない。

　最後の ه は、環境であった、というのに、ただ كانت だけよりも、正しく状況は・・・であった、と、より一層特定する意味が出て

くる。この عليه　という前置詞句はここではあったほうが遥かに良い。


3. 関係代名詞

　関係代名詞は英語などで馴染みがあるが、アラビア語の場合、その関係代名詞はもう一度後続の文章において、人称代名詞で復唱される点が英語などと異なっている。

　قرأتُ الكتابَ الذي سمعتُ عنه.　それについて聞いたその本を読んだ。

　このアラビア語のシステムにより、意味を取る上で助かることが多いといえよう。他方慣れないと、自分で書くときにそれを忘れる恐れはある。

　一方、関係代名詞の入った文章を日本語に訳す時困るのは、語順が日本語と異なるので関係代名詞以下の従属文を先に訳出しなければならないという問題である。しかもその従属文がどのような関係を先行する名詞と持っているかは、文章全体が終わらないと確定しにくいということである。

　そこで大きなヒントになるのは、次のポイントである。

**関係代名詞はすべて接続詞の　و　に置き換えられる。**


تحدثتُ مع الرجل الذي كان أكبر منّي　who　الذي　は主格で、後の文章中の主語。私よりも大きなその男と私は話した。

تحدثت مع الرجل الذي رأيتُه قبل قليل.　whom　الذي　は対格で、後の文章中の目的語。少し前に見たその男と私は話した。

تحدثتُ مع الرجل الذي كتبتُ له الخطابَ.　to whom　属格で、後の文章中の前置詞に従属。私が手紙を宛てたその男と私は話した。

تحدثتُ مع الرجل الذي ركبتُ سيارتَه.　whose　属格で、直接目的語に付いた接尾代名詞。私が乗った車の持ち主の男と私は話した。

次に他の言葉を動かさないで、関係代名詞を接続詞の　و　で置きな
おしてみる。

تحدثتُ مع الرجلِ وكان أكبرَ منّي.

その男と話したが、彼は私よりも大きかった。

تحدثت مع الرجل ورأيته قبل قليل.

その男と話したが、少し前に私は彼を見た。

تحدثت مع الرجل وكتبت له الخطاب.

その男と話したが、彼に私は手紙を書いた。

تحدثت مع الرجل وركبت سيارته.

その男と話したが、彼の車に私は乗った。

　このように関係代名詞は、単純な接続詞　و　で置きなおすことがで
きることを確認しておこう。その意味するところは、関係代名詞に出
くわして、すぐにその役割が判断できなくても、しばらくの間はこの
接続詞で読みかえて、前へ進むことができるということである。そう
しても意味を取る上では、何も支障はないのである。こうして関係代
名詞に関する一つの障害が乗り越えられることになった。
　またこの事実の反映としては、自分で作文するときは少々幼稚にな
る恐れはあるが、無理して関係代名詞は使わないで、適宜接続詞で繋
いだ方が手軽で、何の間違いも犯す心配がないということにもなる。
　さらには逆方向の試みとして、既に接続詞の　و　でスムーズに繋が
っているならば、それを適切な関係代名詞に置き換えてみることも良
い練習になるだろう。

33

メモ

## 8課　各品詞のポイント—形容詞、接続詞、数詞、副詞

### 1. 形容詞

（1）慣用上、特定の名詞には特定の形容詞が決まって用いられるものがある。

　日本語でも、戦い、といえば、壮絶な、という形容詞がすぐ出てくるようなものである。雪のように白い　أبيض ناصِع　、　墨のような黒さ　قبح شنيع　、目を奪う美しさ　جمال خلابٌ　、すごい醜さ　、أسود حالك　、そそり立つ岩山　جبل شامخ　、壮絶な戦い　ضَرُوسٌ ، حرب شعواءُ　、حامية الوطيس、　（戦争に続く形容詞として、初めの二つは、壮絶な・凄惨な、の意味で、最後の熟語は、炉が熱い、という表現になっている）。また墨のような暗闇、には三つの形容詞が使われる可能性がある（ظلامٌ
مُدْلَهِمٌّ ، حالك ، دامس）。

（2）複合形容詞に慣れること。

　これは利用頻度が高いわりには扱いに困っている人が少なくない。よく使われる理由は、言いたい表現が自分で作れるからだ。方法は、形容詞の定・不定、格、性、数すべて前の名詞にしたがって作り、その後に名詞を属格にして付けて、形容詞の内容を限定するのである。

　　腕の長い男　　　　رجلٌ طويلُ اليدِ
　　あの腕の長い男　　ذلك الرجلُ الطويلُ اليدِ
　　金持ちの男から　　من الرجلِ الكثيرِ المالِ
　　金持ちの男達　　　رجالٌ كثيرو المال

### 2. 接続詞

　ここで特記したいのは、アラビア語ではそれほど接続詞の数は多くないので結局一つの接続詞に色々の意味や役割が入ってくる、そして結果として解釈が難しくなる場合があるということである。

（1）一番単純そうな　و　という接続詞だが、初等文法には出てこなくても実際には使われている変わった用法を三つ紹介しておく。

ア．同伴のワーゥ　واء المعية

35

これは、〜を伴って、の意味で、مع　　と同じ意味に用いられる場合。

この意味と合致する表現　　تعبير يتفق وهذا المعنَى

村の人口に見合った学校の数　عدد المدارس يتناسب وأهلَ القرية عددا

私は犬と歩いた　　　مشيتُ والكلبَ

イ．副詞文を導入するワーゥ

動詞の時制にかかわらず、و　　が主文に続いている文章を導いている。

水を飲んでいる男を見た　　　رأيتُ الرجلَ ويشرب الماء

これを関係代名詞で、الرجل الذي كان يشرب الماء　　あるいは能動分詞で、الرجل يشرب الماء　　あるいは直接に現在形動詞で、الرجل شاربا الماء　とすることも可能だ。これらの意味上の違いはお互いに僅差しかなく、どの程度の違いと理解されるかは、文脈しだいである。

ウ．誓いのワーゥ　　واو القسَم

これは例えば、神にかけて　　واللهِ　　といった形でよくお目にかかる。و　　に続いての名詞を属格にして続けるが、クルアーンではしばしば見る用法である。他方現代語としては、それ以上に自らが創作することはまずないだろう。


(2) 結果を示す、ف ---　の用法。

これも文法書には出てこない用法が少なくない。本来は原因を述べた後に、その結果を導くための接続詞である。しかし実際には、それほど因果関係は鮮明でなく、・・・の折に、といったように同時並行、あるいは、次いで、といったように時間経過の順序を示すに過ぎない用法が多出するので要注意。

خرج رئيس الشركة، فخرج الموظفون الآخرون أيضا.　　社長が外出した際に、他の社員も外へ出た。


(3) 理由を示す、لأنَّ ---　の用法

これは明らかに理由を示すための接続句ではあるが、実際の用法としては因果関係が鮮明でなく、主文の時点以前の状況を指し示すための用法も多い。上記の　ف ---　が主文の後の事態を示すための緩い接続

36

詞として使用されるのに類似している。

خرج رئيس الشركة، لأن الموظفين الآخرين قد خرجوا.　社長が外出したが、すでに他の社員は外へ出ていた。

## 3. 数詞

　数詞についてここで注意したいのは、10 以下の数は、男性名詞の場合は、女性形の数詞に複数形の名詞をつける、逆に女性名詞ならば、男性形の数詞に複数形の名詞をつけるということが、文法書に出てくる。なんと混乱させられることであろうか。しかし、この点、アラブ人は絶対混線させたり、間違ったりしない。

　数詞の女性形と名詞の男性との間に、何かバランス感覚が働いているのであろうか、などと詮索しても始まらない。大事なことは、われわれ外国人としても、何があってもこの混線は避けなければならないということである。しかも日常生活でも、この小さい数字の世界は毎日の買い物から始まって、極度に使用頻度が高いので、ますますきっちり整える必要がある。

　著者の昔話に戻ると、タクシーの運転手が運賃をいう時に、5 ポンド خمسة جنيهات　というのを聞いて感心したことを思い出す。ちなみにポンド جنيه ج جنيهات　は男性名詞だが、その複数形は女性規則複数形を取るので、一層注意を要する。また本屋へ行くたびに、それを三冊くれ、 أعطِني ثلاث نسخ　といった調子で、女性名詞に先行する数詞を男性形にする必要に迫られたのも良い経験であった。

## 4. 副詞

　名詞、形容詞、分詞の対格は、そのままで状態を示す副詞の機能をはたす。使用頻度の多少の差はもちろんあるが、アラビア語では特段の問題が生じないのは助かる。

يوما　ある日、كلَّ يومٍ　毎日、ماشيا　歩いて、راكضا　走って、سريعاٍ　早く、جميلا　美しく、

メモ

## 9課　各品詞のポイント—動詞

### 1. 動詞の三兄弟

　動詞に現在形と過去形が基本としてあることは欧米語と同じだから、あまり抵抗感はないはずだ。しかし、中間母音がどうなるか、動名詞はどうなるか、についてはほとんど規則性がないので、一つ一つ叩き込むしかない。

　そこで出てくる当然の方法は、それならば三つ一緒に覚えてしまおうということだ。

　**過去形、現在形中間母音、動名詞の三つは、三兄弟のように常に合わせて覚えよう。**

　これはどの教科書にも書いてないだろうが、実はアラビア語習得過程の最初の一歩から心がけてよいものである。もし目の前に揃っていなければ自分で見つけて、補充しながら三つ揃った形で記憶してしまおう。癖のように三つを一つのように扱って、それを続けて言えるようにすることは、アラビア語攻略の鍵だと、いくら強調してもし過ぎることはないだろう。

　**ヒントとしては、中間母音については、過去形と現在形の間で次のように連関する原則があるということである。**

---

・ダンマは、ダンマのまま変わらない。これは状態を示す自動詞が多い。例　كَثُرَ ('ُ) كَثُرَ

・カスラは、普通ファトハになる。例　عَمِلَ (َ) عَمِلَ

・喉音（ح خ ع غ هـ）の上のファトハは、ファトハのまま変わらない。例　دخَلَ (ُ)　例外は、رجوعٌ ( ِ ) رجَعَ 、دخَلَ (ُ)　سَعَى ( َ ) سَعْي

---

### 2. 受身形の見分け方

　次に動詞について注目しておきたいのは、その受身形である。どうやって受身形を作るかは文法書に譲るが、ここで扱うのはむしろアラビア語を読むときに、どうやって当該の動詞が受身であるということを見つけるかという問題である。母音が振られていなければ困難だと、

かなりの人が言うのを耳にする。

　一般論としては、文意をしっかり把握するのが第一である。そうすれば受身形でなければならない、という感触が読んでいるうちに自然に湧いてくることになる。さらに注目したいのは次の点である。

**特定の動詞は受身形で使われるケースが、明らかに他の動詞よりも多いということ。**

　特定の動詞とは、اُستقبل 受け入れられる、قيل 言われる、اعتُبر 見なされる、دُعِي 呼ばれる、أُدّعِي 主張される、سُمّي 命名される、تُوفّي 死亡する（神に召された）、などである。最近は欧米語の影響で受身形が増えているといえる（يوجد 見受けられる、など）。また新聞などでは、受身形の動詞には、最初の子音にダンマの記号がふってあるのもしばしば見かける。以上受身形発見の問題は、慣れればさほど頭痛の種にはならないことはすぐ分かるかと思う。

3. 弱子音 و、ي が語根に入っている動詞

　このような特殊な動詞の数は、相当限定されている。以下にその概要を記すので、それが飲み込めれば扱いに困ることはない。

　و、ي が第一語根（消音動詞）、第二語根（くぼみ動詞）、第三語根（弱動詞）のいずれかにあるケースで、**使用頻度の高い 10 個ほどの動詞**は、それぞれのパターンに分けて文法書に例が出ているのが普通である。

　次にこれほど単純ではないもののケースを上げてみる。

ア. ودع　という動詞で、預ける、という元来の意味よりも、〜させる、〜するのを許す、といった意味で用いられることの方が多い。

دَعنا نكتب　我々に書かせて下さい、よし書こう、という命令形の特殊な使い方。

イ. 第二には、روى のように二つも問題の弱子音の و、ي 文字が入っているケースである。これは、それほど数が多いわけではない。他の子音が初めにくるこのパターンでは、أوى ( ِ ) هوى かくまう、( ُ )لوى ( ِ ) هُوَيّ落ちる、هواء ( َ ) طَوِي好き、طوى ( ِ ) 包む、( ِ )لَيّ أو لوِيّ 曲げる、( ِ )دوى نوى 鳴る、نيّة 意図する、など7

40

つがよく使われる。

ウ. 過去形動詞が　و　で始まる一群の動詞がある。 وَلِي ( ِ) ولي　継ぐ、 وحي ( ِ) وحَى　執行する、 وقاية ( ِ) وقَى　守る、 وفاء ( ِ) وفَى　啓示する、 وعي ( ِ) وعَى　意識する、など５つほどよく使われるものがある。

　以上を表にして示そう。

| 第一語根が弱子音 | 第二語根が弱子音 | 第三語根が弱子音 | 対処法 |
|---|---|---|---|
| وجد | زار | رجا | 典型例は文法書を見る。 |
| ودع | دعنا | このような使役用法に慣れる。 | |
| 第二、第三語根が、　وى - | | | |
| أوى ، طوى --- | 使われるのは７つほど。 | | |
| 第一語根は　و、第三語根は　ي | | | |
| ولي ، وقي --- | 使われるのは５つほど。<br>ي - و、و - ي　または　ي - و　は存在しない。 | | |

　＜参考＞

　なお最後に、少し遊び心を働かせよう。それは第一語根と第二語根が弱子音になるという形は存在しないということである。さらに言えば、三つの語根すべてが弱子音になるケースは、ただ一つだけある。

　それは、 يـيـي　で、しかも実際はそれの第二型　يّا　しか存在しておらず、その意味は「美しい　ي　を書く」という意味である。

41

メモ

## 10課　動詞活用表を壁に貼ること

動詞の雛形としての فعل

　動詞には第1型から第10型まである（文法学上はもっとある）わけで、それら 10 個一つ一つの原型とそこから来る現在形などの活用形、そして分詞などの派生形を思うと、　つの動詞から派生する全体の数はすぐに十数倍に膨れ上がることは、単純な計算で出てくる。それは頭痛の種となりうる。

　そこで便法として昔から使われているのは、فعَل ( ٛ ) فعْل　という三兄弟に続いて、فعّل ، فاعل ، أفعل، تفعّل ، تفاعل ، انفعل ، افتعل ، افعلّ ، استفعل　という、九つの形を雛型として覚えてしまうことである。そしてこの雛型を基本として、そこから活用形、派生形を作れるようにするということだ。こうすれば別の語根の動詞であっても、いわば自動的に第10型まで作れるうえに、そのすべてについて活用形や派生形を自分で作成できることとなる。

　そこで活用形と派生形をマスターするのに、その原型として فعل を十分にマスターしよう、そしてそのために次頁の表を自分の部屋に貼り出しておこうということになる。

　このように、فعلをいわば動詞の雛形としてみなして、活用、派生させることは、アラブ人の文法の昔からの手法である。しかし最近これをしないで、別の動詞で10個の形を作って示している参考書も見かける。しかしそのメリットはほとんどないのではないかと思われる。そこで、上記の非常に効果的な古典手法を今一度確かめておきたかったのだ。

　このように速やかに、雛型を想定しながら単語の語根に戻ることは、その単語を辞書で調べる上でも最重要であることは、もう中級者には強調する必要もないはずだ。例えば単純な話、استعمل をみれば、عمِل عمَل ( ٛ )　が語根であり、当該の形は第10型であるということが、すぐに分かるようになる。

　だからここで、改めてはっきりさせたいのは、فعل　の三語根の雛型

を第10型まで駆使できるようにして、他の単語を見ても雛型のどのパターンかすぐに判断できる力をつければ、もう怖いものはないということである。この力を養うのには、反復練習と集中力次第である。

　それは誰しも幼いころに、算数で九九を習いその一覧表を小さなカードにして暗記した要領と同じ感覚である。そうしていれば、電車に乗っている時間も無駄になることはない。

動詞活用・派生一覧表

| 自他動詞の別 | 受動分詞 | 能動分詞 | 動名詞 | 現在形 | 原型 | 型 |
|---|---|---|---|---|---|---|
| 自・他 | مَفعول | فاعِل | فعل ، مَفعلة، إلى آخره | يفعَل | فعَل | 1 |
| 他（注1） | مُفعَّل | مُفعِّل | تفعيل ، تَفعِلة | يُفعِّل | فعَّل | 2 |
| 自・他 | مُفاعَل | مُفاعِل | مفاعَلة، فِعال | يُفاعِل | فاعل | 3 |
| 他 | مُفعَل | مُفعِل | إفعال | يُفعِل | أفعَل | 4 |
| 自 | | مُتفعِّل | تفعُّل | يَتفعّل | تفعّل | 5 |
| 自・他　（注2） | مُتفاعَل | مُتفاعِل | تفاعُل | يَتفاعَل | تفاعل | 6 |
| 自（注3） | | مُنْفَعِل | انفِعال | يَنْفَعِل | انفعَل | 7 |
| 自（注4） | مُفتَعَل | مُفتَعِل | افتِعال | يَفتَعِل | افتعَل | 8 |
| 自（注5） | | مُفعِلّ | افعِلال | يَفعَلّ | افعَلّ | 9 |
| 自・他（注6、注7） | مُستفعَل | مُستفعِل | استِفعال | يَستفعِل | استفعل | 10 |

44

注1．第2型は口語では、他動詞として文語より多く出てくる。第4型も書かれると両者は文字が同じで、両方とも他動詞だから区別しにくいことが多い。7〜8割は、文語では第4型だといえる。

注2．互いに何かをする、という相互作用を示すことが多い。

注3．انتعل は常に第7型ではなく第8型である。語根はنعل と見なす。

注4．第8型は、前置詞を伴って他動詞的用法が多い。

注5．第9型は、色を示すための動詞の形である。

注6．استعل であれば、علّ の第10型か、سعل の第8型かは文字からは確定できない。意味を見て判断することになる。

注7．第10型は、求めるという意味が多い。サービスを求めるのは、استخدم であり、それは使用するという意味になる。

注8．第5型、第7型と第9型の受動分詞は形態的には作れても、意味からして実際は存在しない。ほかの自動詞も同様だ。他動詞からしか受動形を作ることがないからだ。

注9．古典文法では第14型まであるが、現代語では上記の通り、第10型まで習得するのが普通である。

メモ

# ２．単語習得のポイント

## 11課　横方向の拡張—Wehr の辞書を読む

　語学力の増強は単語力の増強と　致する部分が多い。もちろんそれ以外に、例えば言い回しの巧みさや文章上の調子・流れの良し悪しもある。でもともかくは、単語が出てこなければ勝負にならないし、それが入り口で試される問題であることには変わりないのである。

　そこで単語力強化策の重要性と緊急性に着目することとなるのだ。単語力を強化するのは、原点としてはしゃにむになることである。寝ても起きてもアラビア語単語のメモと帳面を手放すことはなく、風呂に入っていても自問自答する執着心が決め手となる。そのような原始的な気力を前提として、以下を参考に記すこととなる。つまりこの燃える心がなければ、アラビア語を駆使することなどおよそ茶番劇であり、「教室から実社会へ」という本書のタイトルも意味をなさないこととなる。

　以上の熱気はさて置いて、ここからは落ち着いた冷徹な目で観察し記述することとなる。それは単語習得の過程を一応、横方向に広げる意識のものと、縦に広げる意識のものに分けて考えることとしたい。横方向とはすなわち、同一の語根からどんどん一覧表に従いつつ拡張されて行く過程であり、広がる方向の展開をするものである。他方縦の方向は異なる語根の単語も含めて、同義語、反義語、類義語など、意味上の関連性を軸にしてより深く展開して行くものを指している。

　まずは横方向の展開の様子を見てみよう。動詞活用表を見ながら、自分で様々な展開を試みることも出来る。しかしそれでは実際に使用されている形と、使用されない形の区別がつかない。そこでこの作業の目的に貢献する最大の道具は、アラビア語の辞書である。一つの語根からどのように単語が派生してゆくかを見るのに適したアラビア語辞書は、何をおいても Hans Wehr のものである。

同辞書は元々ドイツ語で編まれたが、その英語版が普及している。そしてそれを凌駕するだけのアラビア語─英語辞書が編纂されないままに半世紀以上が経過しているのである。それほどに完成度の高い辞書だということを証明しているといえよう。ましてやアラビア語─日本語辞書でそれに匹敵するようなものは、存在しない。

　以下では同辞書を使って、どのように横方向の広がりを観察するのか、そしてその作業を自分の単語習得の強力な方途とするかについて述べることとする。具体的な事例として、درس　を取り上げよう。

　この単語を知らないアラビア語学習者はいないが、その意味の広がり全体を知っている人もあまりいないだろう。辞書では、１ページあまりにわたって記述されているのである。以下、日本語訳を略述してみる。

---

درسdarasa u（動名詞 dars）消去する（－される）、学習する、على誰かの下で、

    II　درّس darrasa 教える

    III　دارس da-rasa 勉強する

    VI　تدارس tada-rasa 慎重に学ぶ

    VI　اندرسindarasa 消される

درس dars 消すこと、（複数دروس）学習；أعطى دروسا　教える, دروس منزلية　宿題

دراس dira-s 脱穀

دراسة dira-sa（複数 sa-t）学習、研究

دراسي dira-si 学習の；سنة دراسية　学年

دريس dari-s 乾燥クローバー

عمّال الدريسة‘umma-l ad-dari-sa（エジプト方言）（鉄道の）枕木作業員

دراس darra-s（複数-un）（熱心な）学生

درواس dirwa-s マスチフ犬（番犬用）

مدرسة madrasa（複数 mada-ris）学校、学派；مدرسة حربية　士官学校、

مدرسة مهنية 職業学校、 مدرسة ريفية （エジプト用語）村落学校
مدرسي madrasi- 学校の
تدريس tadri-s 教授；هيئة التدريس 教授陣
دارس da-ris 学生、 —（複数دوارسُ）消された、古い
تجدّد دارسُه tajaddada da-risuhu 焼け野原から立ち上がる
مدروس madru-s よく検討された
مدرّس mudarris 先生、مدرس أول 教頭、مدرس الفصل 教科担任
مدرّسة mudarrisa 女性の教員

　この事例などはまだ意味の広がりとしては、それほど大きいものではない。درس の単語は、学ぶ、と、消去する、の二つの大きな意味に限られるからである。それにしてもこれだけの領域を一望の下に見せてくれるのが、辞書固有の大きな役目である。

　多数の人は辞書で自分の知らない単語を見つけると、そこですぐに辞書を閉じてしまうシーンが見られる。そうすることは、それ以上の意味の広がりを眺めずに立ち去ってしまうことになるので、あまりにもったいないということを実感してもらえれば幸いである。
　以上で横方向の単語の展開を見るということを実践してみた。そうすることで、自分の単語力は格段に拡張されたことが判明したかと思う。これは当然ながら、忍耐強く継続する必要がある。その作業の内容は、要するに**辞書は引くものではなく、辞書も本である以上、それは読むものである**ということに尽きる。

メモ

## 12課　横方向の拡張—ア・ア辞書を読む

　多義の例としてよく挙げられるのは、عين　という単語である。それには、目、泉、スパイ、穴、名士、自己などの意味がある。逆に刀には、سيف، فيصل، خنجر など多くの言い方がある。このように多義であり、語彙豊富な原因は偏にアラビア語の成り立ちにある。つまりアラビア半島にいた多数の部族では、同じ単語なのにそれぞれが異なった用法をし、あるいは異なった言葉を同一の刀に使用していたという背景があった。それを収集したのは、クルアーン編纂成立期のアラビア人言語学者たちであった。

　彼らの収集した語彙はすべてがアッラーによってもたらされた貴重な宝であり、優劣なくすべてがアラビア語辞書に掲載されることとなったのであった。そこでわれわれもどうしてもある段階からは、アラビア語—アラビア語辞書を手元に置く必要が生じてくるのである。そのお陰で、H. Wehr の辞書にも記されていない意味を発見することもある。以下にはその実例を示したいと思うが、その前にどのようなアラビア語—アラビア語辞書があってどれが適当かについての情報をここで整理しておく必要があるだろう。以下は現代アラビア語辞書に限っていることを断っておきたい。

---

・『アルムンジド（手助け）— 言語と人名』المنجد في اللغة والأعلام　ベイルート、2002 年。

　前半の言語部分が、1014 ページ、後半の人名部分が、628 ページで、巻末には年表や地図が付けられている。学生向けで内容的には使いやすいが、大部で扱いにくい。

・『現代語アルムンジド（المنجد في اللغة العربية المعاصرة　ベイルート、2001 年。

　全体で 1641 ページ。日本でいえば、広辞苑に相当する。広く普及しているこの辞書は、一般の信頼度も高い。ただし相当大部である点、日常用には不向きであろう。

---

・『アルムウタマド（典拠）』　المعتمد　ベイルート、2000 年。

　全体で 806 ページ。印字も細か過ぎず、参考図が豊富なので、一番使いやすい。ちなみに物の名称は入り組んでくると、図示することが不可欠である。カバーされた語彙も十分で、H. Wehr　に出ていない場合に、まずチェックしてみたくなるのが本辞書である。サイズも適当なのでお勧めで、値段はほぼ 4000 円。

・『ムヒート・アルムヒート（大洋の大洋）』　محيط المحيط، تأليف بطرس البستاني　ベイルート、1977 年。

　全体で 994 ページだが、A4 サイズで大型、しかも 3 段組の細字。古典語の用法もかなり掲載されている点で、上記のものとは比較にならないほど濃密な内容。古典語の意味を拾うのに、何度も救われたことがあり、時々は参照して使い慣れておきたい辞書である。


　　以上の次第であるので、المعتمد　を手元において、やはり上と同じ単語である　درس　の中から、H. Wehr　に記載されていなかった意味や形態に焦点を絞って以下に記そう。


درس　darasa　消去する、<u>試す</u>、学ぶ、脱穀する
الدُرسة　dursa　運動
الدَرْواس　darwa-s　大きい頭の犬、ライオン、勇気あるひと（複数دراوِسُ）
الدريس　dari-s　古着
المِدرس　midras　教本
المِدراس　midra-s　ユダヤ律法の教授される館


　なお同辞書の特徴は、図示されたものが多いと述べた。例えば、昆虫類は 6 ページにわたって色刷りで、カタツムリ、トンボ、かまきり、バッタ類、くも類、かぶと、イナゴ、蟻、サソリ、蜂、てんとう虫、せみ類などが示されているので、アラビア語と共に眼に飛び込んでく

るようだ。例えば蛍は情緒豊かに、سراج الليل（夜の灯明）と呼ばれている。他方日本では見かけない昆虫が少なくないことも分かる。

　ところで辞書の紹介という脈絡の中で、是非ここで特記しておきたいものがある。それはすでに第 5 課で少し触れたが、アラブ人が日本語を学ぶ際の日本語─アラビア語辞書として編纂されたものとして、القاموس الأساسي: ياباني - عربي، دار الشروق، القاهرة『基礎日本語学習辞典』（国際交流基金、2010 年、976 頁）である。

　例えば、「通じる」という項目は、5 つのケースに区分けされていて、それぞれに対応したアラビア語が示されるという構造になっている。それは、（道などが）ある場所に達している أدّى إلى ---、（交通や通信が）ある場所に達する ممدود، (الاتصال) غير متاح、相手に分かってもらえる بواسطة ---、مفهوم، تفهم، 全体にわたって خلال、あるものを媒介して من --- خلال という意味、の 5 つである。

　日本語にはこのように多岐にわたる意味があったのかと改めて気づかされる。アラビア語は多義だと言ったが、日本語もあまり負けていないのかもしれない。いずれにしても、多くの意味がある一つの日本語を基軸に様々なアラビア語単語を展開するのはなかなか興趣に尽きないものがある。日本語を学ぼうとするアラブ人学生の苦労がしのばれると同時に、われわれ日本人がアラビア語を学ぼうとするのが大変なのも当然だと思われてくる。

　同時に本書こそは、細かな作業を踏まえているので単語帳以上の内容であり、その意味で日本語─アラビア語辞書として大いに推薦できると思われるのである。

　さてこの課において主としてはアラビア語─アラビア語辞書を対象としたが、しかしその作業内容は前課と変わりなく、要するに**辞書は引くものではなく、辞書も本である以上、それは読むものである**ということに尽きる。

メモ

## 13課　縦方向の深化—意味の世界は万華鏡

### 1.　意味論のこと

　ここから単語習得のための、縦方向の拡充について記すこととしたい。まずは何をもって縦方向の拡充や整理というかということである。この説明のためには、言葉が意味上深く関連しつつ網の目ように展開している状況を知る必要がある。日本語で言うならば、恨む、悔やむ、憎む、憎悪する、などの例を考えることが出来る。**つまり意味上、類義であったり、対義であったり、反義であったりする関係を持ちつつ、語彙が展開しているのである。それはあたかも万華鏡の織り成す世界である。**

　言語学上は意味論という分野が、この種の問題を専門に取り上げることになっている。そこでは各単語の持つ意味の領域の重なり合いや関係を調べることが課題である。それは具象的でないだけに把握しにくいが、抽象的な柔らかい理解を言葉から会得してゆく姿勢と集中力が求められる。またそれが言葉の本質でもある。

### 2.　実例集

---

**避ける**

　一般的には、 تجنب، تحاشى، تفادى، ابتعد عن، جار عن　など、また تملص である。しかし避ける対象によって、ほぼ次のように使い分けられる。

| | | | |
|---|---|---|---|
| 物　： | حاد عن، زاغ عن | 人： | نفر عن، جافى في |
| 話　： | أحجم عن، أعرض عن، شط عن | 道　： | انحرف عن، تجانف عن، جنح عن |

---

　人を怖がらせる、人を憎むなどという感情混じりの表現になると、単語それぞれの関係も峻別が難しくなる。しかし差があることは間違いないし、神経質になっても始まらないが、他方、それに不感症になるのは問題である。いつも整理し、また再整理する努力をすることが求められる。以下にこうした諸例をいくつか挙げておきたい。

## 意図・意志・故意　　قَصْد ، نية ، عَمْد

　最初が、意図、二つ目は、意志、最後は、故意である。日本語でもこれらの三者は重なりがちだが、同程度にアラビア語でも重なっている事が少なくない。ところが、時としてこの微妙な差がものをいう場合もある。また礼拝など勤行の前に、「これから昼の礼拝をあげます」と意志表明することは、نية　といわれ術語化している。

　日常的にも、わざと、というときには、عمدًا　という。

---

## 研究・調査・捜査する

（一般的には）　بحث ( َ ) ( بَحْثٌ ) عن --- ، درس ( ُ ) دراسة

（事実を調べる）　فتّش ، محّص ، نقّر ، تقصّى استقصى

　右より順に、捜査、審査、そして次第に調べる密度が濃くなり、最後の استقصى　は、次の تحرّى　のように綿密なもの。しかし استقصى　は警察用語でない点が違う。

（警察など綿密な捜査、調査）　تحرّى

　しっかり読む、から、帰納する、の意味もある（第10型動詞の、استقرأ）。こうなると、「演繹する」はどういうのかが気になるが、それは、استدلّ である。しかしこれは類義語ではなく、反義語の部類である。

---

## 得る　（一般的には）　حصَل ( ُ ) (حصول) على ---

（良いことを得る場合）　كسَب ( ِ ) كسْبٌ ، اكتسب ، نال ( َ ) نيلٌ ،ظفِر

（ َ ) (ظفَر) بـ ---

（幸運にも得る感覚）　حظِي ( َ ) (حظوة) بـ ---

　ただし最後の単語は、受身でもよく使われて、～に恵まれた、の意味になる。

（主として地位を得る）　حاز ( ُ )(حوْزٌ) على ---

（地位に就く）　تبوأ

（主として財産を得ている、所有する）　اقتنى ، ملَك ( ِ ) مُلْكٌ

古い　　قديم ، عتيق ، عريق ، غابر

　最初が普通の用語、二つ目は相当古い、三つ目は同様に相当古いが特に国や家柄など良い意味で古い、最後は、過ぎ去ってしまった、という感覚である。

芳香・臭い・匂い　　نَكْهة، عِبق ، شَمُ ، ريح جـ أرياحٌ

　最初の二つは、高尚な香り・薫香、三つ目は、口語的だが、クンクン鼻にくるもの、最後は、風に運ばれてくるもの、ということで、後の二つは、良い匂いも悪い臭いも、時によりけりである。

音をさせる　　何の音かで動詞が異なる。

（戸や鐘の音）　　　　　　　دقّ ( ُ ) دقَ ، قرَع ( َ ) قرْعٌ
（虫や鐘を叩く音）　　　　　طنَ ( ُ ) طنينٌ
（電話のベルなど金属的）　　رنَ ( ِ ) رنين

山・岩山・高地・丘　　طور جـ أطوارٌ ،جَبل جـ جِبالٌ ، هَضْبة ج أهْضابٌ ، تِلّ جـ أتلالٌ

　最初は、日本の緑の山などで、アラブ人にとってはシナイ山（ طور سينين）がその典型である。二つ目は、岩山で、アラブ人にとっては、預言者の啓示が最初にあったメッカ郊外のヌール山（ جبل النور ）が雛形。三つ目はあまり使われないが高地（ مُرْتَفعاتٌ ）に近いもので、固有名詞として使用されるケースが多い。例：アラビア半島西北部の高地 هضبة الحجاز 　四つ目は、丘を指す。

高い　　عالٍ ، شامخ ، مرْتفع ، سامٍ

　最初は、主として物質的な意味の高さ、二つ目は特に建物や山などが聳（そび）え立つ様子、三つ目は盛り上がっている様子で、最後は、精神的道徳的に高邁・高潔・崇高なことを指している。

| メモ |
| --- |

## 14課　縦方向の深化—感情表現

ここでは感情がらみの表現を取り上げよう。

---

<u>愛する、慕う</u>　أحب ، عشِق ( ◌َ ) عِشق ، ودّ ( ◌َ ) وُدّ، هوِي ( ◌َ ) هواية
،حنّ ( ◌ِ ) حَنّة على --

　最初の　أحب　を基準として順に見ていこう。次の　عشق　はもっと切なく、遠く離れて思いを馳せる感覚だ。　ودّ　は、～したい、というようなときにも使い（英語の would like to に相当）、また国の間の関係で友好的、　ودّي　は常套語である。次の、　هوِي　は好む、ということで、趣味のことは、　هواية　である。最後の、　حنّ　はいつくしむ、という日本語がぴったりだろう。自分にとって懐かしく思い出される友達は、　صديق حنّان　だ。また特に、子供を胸に抱く、　احتضن　という言葉は、子供以外にも比喩的に用いられ、英語の cherish に相当する。

---

<u>嫌う・憎む・憎悪をする</u>　كرِه ( ◌َ ) كراهية ، مقَت ( ◌ُ )مقْتٌ
، بغَض ( ◌ُ ) بُغْض،أنِف ( ◌َ ) أنفة ، حنَق ( ◌َ ) حنْقٌ ، عاف ( ◌َ ) عيْفٌ

最初の単語、嫌う　كره は愛する　أحب　の反義語といえる。徐々にそれより意味が強まり、二つ目や三つ目になると、憎むだが、四つ目以降は、あまり用いられない。最後の　عاف　は、憎悪する、に相当して、かなりきつい意味合いだ。

---

<u>怖がらせる</u>　هال ( ◌ُ ) هوْلٌ ، أفزع ، أخاف ، أرهب ، هيّب ، أرعب ، ذعَر
( ◌َ ) ذعْرٌ

どれも恐怖心を与える内容で、元来意味上大差はない。しかし慣用上は用法が異なる面があるので、留意しよう。スフィンクスのことを、أبو الهول ということは知られているが、動詞の形の用例は多くない。普通の用法としては三つ目の、　أخاف　で十分だろう。また四つ目の、　أرهب　は、テロを行う、という今様の意味に使われる。五つ目の　هيّب　は、威厳や尊厳でもって畏怖を与える、という語感である。

## 軽視・軽蔑する

احتقر （人を見下す、第8型動詞）

استذل （人を軽蔑する、第10型動詞）

استخفّ بـ ---، ازدرى بـ --- （人・物を軽視する）

استهان بـ --- （事を軽く見る、第10型動詞）

　対象が人かどうか、人を軽視、軽蔑、あるいは見下す、などの区別をしよう。なお最後の単語は受身形の、لا يُستهان به　という形にして、馬鹿にできない、相当な、という意味でしばしば用いられ、したがってその場合は、لا بأسَ به　と同義になる。

---

## 喜び、喜悦　　سرور ، غِبطة ، بَهجة ، فرَح ، مرَح

　一番目は普通の場合の喜び。

　二番目と三番目は、それより強い、欣快さ、喜悦。

　四番目と五番目は、快活さ、明るさにほぼ相当するが、日本語と同様にかなり重なっている。

---

## 批判する　　نقد---　ذمّ ( ُ ) ذمّ ، ندّد بـ ---، شجَب ( ُ ) شجبّ ، أدان بـ ---

　これら四者は ذمّ　以下、ほぼこの順序で批判の度合いが強まる。

　ただし最初の نقد　は、文学批判などクリティークの意味もある。

　「責める」、「非難する」の項も比較のため参照。

---

## 非難する・くそみそにいう　　أنّب ، وبّخ ، قرّع ، نهَر ( َ ) نهْرٌ ، زجَر ( ُ ) زجرٌ

　批判と非難は微妙な差である。より感情的なものをここで、「非難する」としてまとめたが、أنّب　より以降上記の順序で、非難の度合いが強まっている。

<u>責める</u>　عذَل ( ُ ) عذْلٌ ، لام ( ُ ) لومٌ ، أخذ على --- ، آخذ ، عاتب

　これらは、عذل 以下、ほぼ順を追って責める度合いが強くなる。上記の「批判する」や「非難する」との比較も意識するように。

---

<u>文句をいう</u>　تأفف من --- ، تذمّر من --- ، تمَلْمَلَ من ---

　最初から順に、文句をいう強さが強まる。

---

<u>だます・裏切る</u>　خدَع ( َ ) خدْعة ، غشَ ، غشَ ( ُ ) غُشّ ، غالط ، خان ( ُ )
خيانة

　初めの二つは一般的に人をだます、詐欺をはたらく、ということ。
　三つ目は誤らせるという語感があるが、あまり使われない。
　最後は、人を裏切る、の意味である。

---

<u>否定する・拒否する</u>　نفي ( ِ ) نفيٌ ، رفض ( ُ ) رفضٌ

　両者を混同しないようにしよう。前者は否定する、後者は拒否する、である。両方をカバーできるのには、أنكر という第4型動詞がある。クルアーン上、لعن 呪う、が拒否すると訳され、さらには、كذّب 嘘付き呼ばわりするも、拒否すると訳せるなど、特殊例もある。

---

<u>自慢に思う</u>　اعتزّ بـ --- ، افتخر بـ --- ، تبجح بـ --- ، ازدهى بـ ---

　前二者間および後二者間では、少しずつ違いがある。
　最初は、栄誉心に満ちている、二つ目は、誇りを持っている、という良い側面（栄誉は他人が与え、誇りは自分で持つものという区別）。
　三つ目は、うぬぼれを持っている、最後の単語は、（業績やきれいな着物を）見せびらかす、といった良からぬ側面である。
　前二者はイスラームの道徳観念上（あるいは常識上）是認されるが、後者二つはそうではないので、このように二分すると大変な差があることが分かる。

メモ

## 15課 縦方向の深化—諸例

---

**問題・問題点・課題** مشكلة جـ مشاكلُ، مسألة جـ مسائلُ، قضية جـ قضايا

最初が頭を悩ます問題。二つ目はそれとも重なるが、それほど頭を悩まさない種類で、要するに問題点、ということ。最後は、課題、という意味。もちろん課題が問題であることも多いだろう。

---

**経費（負担するもの）・費用・出費** تكليف جـ تكاليفُ ، نفقة جـ نفقاتٌ ، مصروفٌ جـ مصاريفُ

これら三者の順で、日本語の三者にほぼぴったり対応している。

---

**災難・災害・破局** مصيبة جـ مصائبُ ، كارثة جـ كوارثُ ، خطبٌ جـ خَطوب ، نَكبٌ جـ نُكوبٌ

最初は、災難一般、二つ目は自然災害にも用いられる、最後の二つはより規模が大きく、精神的な面も含むので、使用頻度は前二者よりはるかに少ない。なお、宗教的な最後の日の破局には、الطامّة ج الطامات　という言葉が使われる。さらには、بلاءٌ　という言葉には、災難、と同時に、勇敢な行為、という別の意味もある。また、جائحة ج جوائحُ　は、疫病による災難、という意味が主である。

---

**責任** مسؤولية ، تبعة ، عُهْدة

いずれも同様だが、普通は最初の単語が使われる。語根を考えると、最初は対応する責任、二つ目は責任の重さ、三つ目は公約の責任、という語感が窺われる。これらの語感は使用するとき参考になる。

---

**特長・特徴** ميزة جـ ميزاتٌ ، خَصْلة جـ خِصالٌ

日本語の違いと同様。最初の方は、良い点で、後者は目立つ点である。なお日本語の特質や特性に当たるものとして、سِمَة جـ سمات　という単語もある。

<u>崩す・壊す</u>　هدَم ( ُ ) هدْمٌ ، هدّم ، دمّر ، قاض ( ُ ) قوْضٌ

　これらは大差ないが、最後の単語はあまり使われない。

　他方最近の大量破壊兵器のことは　أسلحة الدَمارِ الكامل (الشامل)　とい
う。破壊する、に近いのが、خرّب　だが、家や家具を破壊するのは、
أتلف　が使われる。粉々にする、といった壊し方は、حطّم ، كسّر　で
ある。破壊して絶滅させるは、تبَر (-) تبّر　で、特に絶滅は、أباد
である。ちなみに、殺虫剤は、مبيدات الحشرات　という。

---

<u>支持・支援する</u>　دعم ( َ ) دعْمٌ ، أيّد ، ساند ، آزر

　これらはほとんど変わりないが、前二者がより一般的であろう。作
文上は、同じ動詞ばかり使わないで、所々異なる動詞を使おう。またそ
れぞれの動名詞にも十分注目したい。参考に後の三つを確認すると、
次の通り。

تأييد ، مساندة ، مؤازرة

---

<u>従う・従順さ</u>　خضع ( َ ) (خضوع) لِ ---، رضخ ( َ ) (رضوخ)
لِ --- ، انصاع لِ ---

　初めの二つはほぼ同じ。最後の単語は、命令に服従する意味が強い
が、別の意味で、結果として〜になる、の意味になる。

　さらに、征服などで服従させるのは、رزح ( َ ) رزوحٌ　で、負う荷
物の重さに従う（つまり、へたる）というのは、ناء ( ُ ) (نوْءٌ) بـ ---　と
いうのがある。

　従順さ、というのは、上の خضوع　の他に、إذعان ، طاعة
などがあるが、最後の طاعة　は、宗教的な意味合いで使われることが
大半である。

---

<u>疲れさせる</u>　أتعب ، أجهد ، أنهك ، أضنى

　最初のものから順に、疲れされる程度が強くなっている。

## 非信者

　イスラームによると、数多くのカテゴリーがある。その厳密な定義
は、教学の根本の一つだが、概要は次のとおりである。

（最も一般的な不信仰者で、感謝しない人）كافر 　　、（禁ぜられたこと
を犯す人）فاسق 　　、（堕落・腐敗者）فاسد 　　、（思想的異教者）فاجر 　　、
（浮気心で媚びる人）منافق 　　、（神の恵みを拒否する人）جاحد 　　、
（宗教外へ出ようとして法を犯す人）مارق 　　、
（棄教者）مُرْتَدّ 　　、（異端の人、無宗教者）مُلحِد

---

## 真似る

سلَك ( ُ ) نهْج （道を辿る）、--- نهَج ( َ ) مسْلكَ --- （手法をと
る）

نزَع ( َ ) نزْع نزَع --- （模倣する）、حذا ( ُ ) حذْوَ --- （傾向をまねる）、

قلّد ، اقتدى بـ --- نحا ( ُ ) نحيَ --- （同じ方向を取る） --- （模倣する）

などがある。「模倣する」は真似るよりも語感が強いが、それ以外は
どれも「真似る」という意味で、ほとんど同じに使える。

---

## やり過ぎる　أفرط في ، أسرف في ، أطنب في

　扱う物によって異なり、最初は、食べ物、二つ目は金銭、三つ目は、
言葉（長く細かく話し過ぎる）である。いずれも前置詞の في を取る。

---

## 変える　غيّر ، حوّل ، قلَب ، بدّل

　一番目は、普通の場合の変更。

　二番目は、作り変える、構造を変える発想で、英語の transform に
相当する。

三番目は、上下や順序を逆さまにすること。最後は、入れ替えること。

メモ

## 16課　縦方向の深化—各種辞典

### 1．類義語・反義語辞典のこと

　類義語・反義語については、それを専門に収集した辞書の登場が長く待たれていたが、今度漸くその試みが出版された。関係者が鶴首していたものであり、大変な朗報でもある。

معجم المترادفات والأضداد، سعدي الضناوي، جوزي جوزيف مالك، المؤسسة الحديثة للكتاب، طرابلس، لبنان، 2010.

『同義語・反義語辞典』トリポリ、レバノン。2010 年。848 ページ。

　本書はその序文において、まだまだ未完成だがともかくも世界初の試みとして世に問うものであると述べている。各単語について、その類義語と反義語の欄があって、数個の単語が記載されているという格好になっている。その数個の単語のそれぞれの関係は全く記されていないので、本当のところは意味上の縦の深まりの関係は不明のままである。ともかくもあまり贅沢はいえないが、種々の関連語が羅列されているのが現状である。

### 2．専門語辞典のこと

　次にはやはり関連用語を習得する一つの手段になるのが、専門用語辞典である。自分の専門分野がある場合は、その専門用語辞典を優先的に選択するのは当然だ。アラビア語と英語の辞書で、ただ術語を並べただけのものもあるが、いくつかは各用語に簡潔な説明が付されており、当該分野の良い講読材料にもなっている。したがって、そのような見地から読本として見るのもよい。

政治関係

---

・*A Dictionary of Modern Political Idiom*, compiled by Majdy Wahba and Wajdy Rizq Ghaly, Beirut, 1978.　معجم العبارات السياسية الحديثة

　全体で 748 ページ。英語の術語に対して、アラビア語とフランス語で用例を例文で示しているので使いやすい。索引も付いている。

・*A Dictionary of Diplomacy and International Affairs*, compiled

---

by Samouhi Fawq El-Adah, Beirut, 1974. معجم الدبلوماسية والشؤون الدولية

　全体で550ページ。英語の術語に対して、フランス語とアラビア語の訳語を示し、さらに政治外交上の説明をアラビア語でしているので、アラビア語の講読材料にもなる。索引付き。

・ *A Dictionary of International Relations and Conference Terminology*, complied by Hassan Abdallah, Beirut, 1982.
قاموس مصطلحات العلاقات والمؤتمرات الدولية

　全体で654ページ。英語の術語に対して、多数の用例をアラビア語で示している。また後半には、国連機構の解説、外交関係諸条約のアラビア語訳を掲載。索引付き。

経済・IT関係

・ *A Dictionary of Economics and Commerce*, Arabic - English, compiled by Librairie du Liban Dictionary Department, Beirut, 1993. قاموس الاقتصاد والتجارة

　全体で606ページ。アラビア語はすべて綴り通りの順序に並べられ、語根順には整理されていない。アラビア語の術語に対して、英語の対訳語が付けられている。

・ *A Dictionary of Economics, Business and Finance*, compiled by Nabih Ghattas, Beirut, 1980. معجم مصطلحات الاقتصاد والمال وإدارة الأعمال

　全体で677ページ。英語の術語に対して、アラビア語対訳語とアラビア語の説明が付されているので、アラビア語講読の材料にもなる。

・ *A Dictionary of Computer Science & Computational Linguistics*, compiled by Nabil El-Zohairy, Beirut, 2003.
قاموس مصطلحات المعلوماتية واللغويات الحسابية

　全体で704ページ。英語の術語に対して、アラビア語の術語対訳が示されている。
後半は索引になっており、検索に便利。

社会文化関係

- *A Dictionary of the Social Sciences*, compiled by A. Zaki Badawi. Beirut, 1978.　معجم مصطلحات العلوم الاجتماعية

　全体で591ページ。英語の術語に対して、フランス語とアラビア語の対訳語が示され、その後にアラビア語での説明がある。読み物としても使える。

- *A Dictionary of Arabic Topography and Placenames*, compiled by Nigel Groom, Beirut, 1983.　معجم الطبوغرافية وأسماء الأماكن العربية

　全体で369ページ。英語の術語に対して、アラビア語の術語と簡単な英語の説明がつく。アラビア語の索引付き。

- *A Dictionary of Grammatical Nomenclature*, compiled by Antoine El-Dahdah, Beirut, 1993.　معجم لغة النحو العربي

　全体で717ページ。アラビア語の術語に対して、英語の対訳語、そして両言語での解説付き。専門的に文法に関心のある人には、良い読書の素材ともなる。

- *A Dictionary of Arabic Grammatical Terms*, compiled by Pierre Cachia, Beirut,1973.

　全体で198ページ。英語とアラビア語双方から引けるようになっている。収集した術語のソースは、Howell　と　Wright　という19世紀の英国のアラビア語文法学者が出版した古典的文法書によっている。ちなみにCachia　は現代アラブ文学研究の第一人者として活躍中。

- *A Dictionary of Folklore*, compiled by Abdul Hamid Yunis, Beirut, 1983.　معجم الفولكلور

　全体で227ページ A4版サイズ。アラビア語の術語に対して、英語の対訳語（ただし人名、地名など訳語がないものも多い）を示し、長いアラビア語の説明がある。読み物としても使える。

- *A Dictionary of Arabic Proverbs*, compiled by Mhd. Ismail Saifi and others, Beirut, 1996.　معجم الأمثال العربية

　全体で181ページ。諺辞典は多数出版されているが、本書はすべてアラビア語だけで表記されている。

さらには次の優れた辞書2点がある。

قاموس المصطلحات العلمية والهندسية: ياباني-انجليزي-عربي، 2010م.

『科学技術用語辞典』日－英－ア 279 頁、ア－英－日 199 頁、サウジアラビア文化部。

قاموس المصطلحات العلمية (الرايضيات، الفيزياء، الكيمياء، علم الأحياء) - اليابانية - الانجليزية - العربية، 2011م.

『留学生のための理科系専門用語辞典[数学・物理・化学・生物]日本語－英語－アラビア語』大阪日本語教育センター編。

最後にはクルアーン関係

・*A Dictionary and Glossary of the Koran*, compiled by John Penrice, London, 1970.

　全体で 166 ページ。初版が出たのは 19 世紀の末だが、未だに版を重ねていることからもその価値が推し量られる。1970 年以降に、ベイルートでも重版が出されているのを見たことがある。

・*Arabic-English Dictionary of Qur' anic Usage*, compiled by Badawi, Elsaid Mohamed, and Muhammad Abdel Haleem, Brill, Leiden, 2010.

　全体で 1070 ページ。上記の辞書以来、1 世紀余りの空白を埋める期待の一冊である。4 万円ほどする高価なもの。

## 17課　自分の単語帳—「物の整理は頭の整理」

　前の2課において、単語の連関を縦と横の両方向から探り、整理し、記憶の網を拡充することについて記した。そのためには各種の辞書が大きな役割を果たすことを述べた。辞書はそもそもあらゆる語彙を、その関係性の中における当該単語の位置付けをしたものであるので、元々語彙を芋づる式に手繰り寄せる道具としての機能を持たせられているのである。

　そこでこれから述べることは、そのような道具を自分で工作することである。つまり自分の単語帳を作るようにしようというのである。それはそのまま自分の頭の整理ということでもある。**物の整理は頭の整理**、とはよく言われる格言でもある。同時にいつも感じることは、食欲のある人が良く食べるのと同じで、アラビア語熱のある人は自ずと単語をむしゃむしゃと食べるように吸収しているようである。

　以下は実際に筆者が自分で折に触れ作成し、教室の講義で配布してきたものである。特段の順序があるわけではなく、気が付いた折に徐々に作成するのである。そのために文字を記すときは、あたかもダムに水が満杯となって溢れ出すような印象がある。

1. 単語の整理方法

---

「準備」の類義語—単語の習得は常に塊で覚えるとよい。

<u>他動詞</u>

**حضّر ، تحضير**　試験準備、料理の準備など材料を調えるイメージ

جهّز ، تجهيز　　機材を整える、事務所や工場を準備する内容

أعدّ، إعداد　　番組や資料を整える、制作する場合

رتّب، ترتيب　　整理する、式次第を整えるなど

نظّم، تنظيم　　組織する、整理するなど

<u>自動詞</u>

استعدّ، استعداد　用意・準備のあること

<u>分詞</u>

---

حاضر 分かりました、了承しましたなど

جاهز 準備完了

مستعِدّ 用意あり、大丈夫など

語根で考える癖を付けること

حضر 出る、出席する、 أجهزة جـ جهاز 機器、機材、 عدّة 道具、機材、

إعدادي 中学校の、 رُتبَة جـ رتبّ 位階、 نظام جـ أنظِمة 組織

2. 同一の漢字を使用する類似した日本語から出発した収集。遊び心が有効だ。

| | | | |
|---|---|---|---|
| 幻想 | خيال | 妄想 | وهم جـ أوهام |
| 予想 | تكهن | 回想 | ذكرى جـ ذكريات |
| 空想 | تصور، خيال | 理想 | مثال جـ أمثلة |
| 思想 | فكرة جـ أفكار | 感想 | انطباع |
| 連想 | فكرة متتالية أو متتابعة | 夢想 | فكرة خيالية |
| 着想 | جاءت الفكرة بأن --- | 想像 | تصور، تخيل |
| 想定 | افتراض، فرض | 想起 | تذكر |
| 想定外 | خارج إطار الافتراض، غير متوقع | | |

3. 流行語―最近のアラビア語で目立つ用語をニュースから集めたもの

<u>抽象名詞</u>

構成するもの、要素 مكونات ، مقومات

有効なもの、プログラム فعّاليات

| | | | |
|---|---|---|---|
| 調整するもの | تنسيقيّات | 確実なもの | قطعيّات |
| 否定的なもの | سلبيّات | 肯定的なもの | إيجابيّات |
| 所得・得るもの | مُكتَسَبات | 矛盾するもの | تناقضات |
| 付随するもの・余波 implications | ملابسات | | |
| 可能なもの | مقدّرات | 必要なもの | مقتضيَات |
| 信頼性 | مِصداقية | 問題のあること・問題性 | إشكاليّات |

具象名詞

| 反応 | اِنْفِعالات | ردّ فعلٍ جـ ردودُ فعلٍ | は反応、反響両方を指す |

反響　تَداعِيات　　指標　مؤشِّرات　　グローバリズム　العولمة

オペレーショナル　تشغيلي　　メカニズム　آلِيّات

原点　مَرجَعِية　　出発点　مُنطلقات　　フィールドの　ميداني

手法　مَنهجِية　　大衆性、人気　شَعْبِية　　民営化　خصخصة

## 4．特殊なケースの収集

| ヤギと羊 | 総称 | الغنم | | | | | | |
|---|---|---|---|---|---|---|---|---|
| ヤギ | 総称 | الماعز | 雄 | تيس | 雌 | عنز | 子供 | جدي |
| 羊 | 総称 | الضأن | 雄 | خروف、كبش | 雌 | شاة | | |

## 5．日本語でも取り違えやすいケースの整理

<保険と保証と保障と補償>　تأمين جـ تأمينات ،

ضمان جـ ضمانات ، أمن، تعويض

一つ目は安全にすること、つまり保険に当たる。

二つ目は、保証に当たる。製品の保証や身元保証など。

三つ目が保障（守る、の意味）で、安全・警備保障　أمنّ　である。

四つ目が補償。

<仮定と前提と条件>　افتراض ، شرْط ج شروط

前者は、仮定。しかし、前提も意味するかどうかは、文脈次第。

後者は、条件。それが前提条件かもしれないが、これも文脈次第。

～を仮定して、　على الافتراض ( بأنّ )---

～の条件で、　على الشرطِ بأنّ ---

～を想定して、　على التصور( بأنّ --- )

メモ

## 18課　自分の単語帳—集め方色々

　整理をするのは、各自の工夫次第だ。何をテーマにしてもよい。

### 1. 感情関連用語集

| | |
|---|---|
| 感情 مشاعرُ　同情 عواطفُ　情緒的 عاطفي　感性 حِسٌّ | |
| 神経質 حسّاسي　神経過敏 عصبي | |
| 幸福（クルアーンにない言葉）سعادة　至福（クルアーンに一度だけ出てくる）طوبَى | |
| 大きな喜び فرح　嘉し（アッラーとの関係）رضا | |
| アッラーの満悦 رضوان | |
| 歓喜 غبطة　すごい喜び بهجة　普通の喜び سرور | |
| 安寧 طمأنينة　平静さ（すべての原点である平常心のこと）سكينة | |
| 名誉 شرف　誇り فخر　尊厳 كرامة | |
| 愛情 حب　敬愛（主として人のアッラーに対するもの）محبة | |
| 慈悲深い رحيم　慈愛あまねき رحمن | |
| 希望 أمل　願望 رغبة　野望 جشع、طمع　大望 طموح | |
| 悲しみ حزن　落胆 خيبة الأمل | |
| 内向的 منكمش　外向的 منفتح | |
| 落ち込んでいる مكتئب　快活 مرِح | |
| 積極的 إيجابي　消極的 سلبي　憤怒、不快 سخط | |
| 怒り غضب　嫌気 يأس　嫌悪 كراهية　憎悪 مقت | |

### 2. 敬語表現

アラビア語の敬語は日本語ほどではないが、時に必要な潤滑油であるのは同じこと。

名詞　　（令夫人）حرمة، قرينة

形容詞　（御社、御著など）محترم، موقر

二人称複数にする方法　من فضلكم، رسالتكم، إذا ذهبتم، أنتم

表現法によるもの

لطفا---، تقلبوا بفائق احترامي، إن تكرمتم، إذا تشرفتم، أرفع لكم شأن ---

自分を低くする方法
هدية متواضعة، اسمحوا لي أن ---، عن إذنكم

3. 日本語で好まれる用語だが、アラビア語ではそれほどでもない。しかし翻訳上必要になる。

| | | | |
|---|---|---|---|
| 焦点 | بؤرة جـ بؤرٌ | イニシアティブ | مبادرة جـ - ات |
| 先鞭 | باكورة جـ بواكرُ | 坩堝 | بوتقة جـ بواتقُ |
| 羅針盤 | بوصلة جـ -آتٌ | 振り子 | بندول |

4. 「アピールする」の研究

　これは日本語化された外来語の和訳の事例になる。まず「アピールする」とは何か、日本語で一言では対応できないので、相当の研究や工夫を必要とする。

　英和辞書（研究社）では、懇願する、（武力に）訴える、控訴する、人気が上がる、などがあるが、日本語としてアピールと言う時は、英語としての意味と同一ではないので、英和辞書に依拠することもできない。

　また英ア辞書（Oxford）の、appeal は次の通り、懇請する、惹きつける、良い印象だ、の三種類であり、いずれも日本語としての使用法とは完全には一致していない。

التمس، ناشد　　اجتذب، استهوى　　تروق لي جدا فكرة زيارة إيطاليا لقضاء عطلتنا.

　そこで日本語としての意味を用例に従って、仕分けして見よう。

ア．候補者が選挙民に公約をアピールする。主張する、周知させる、説得するなどの混交と解される。一言だと、宣伝する、が近い。それぞれ、

زعم، أبلغ، أقنع، قام بالدعاية،

イ．会議で新プロジェクトをアピールした。売り込んだ、強い関心を誘ったなど。

قدّم بشدة، جذب اهتماما كبيرا،

ウ．彼女に自分の良さをアピールした。強調した、知ってもらったなど。

شدّد، التمس لمعرفتها،

エ．新しい画風がアピールした。評判が良い、強い印象を与えたなど。

تمتع بالشعبية، قوبل بتقدير حسن، أثّر تأثيرا قويا،

オ．新曲を世の中にアピールしよう。訴えよう、知らせようなど。

احتجّ، أعلم،

　以上を通じて再確認する必要があるのは、アラビア語をアラビア語それ自体として理解し、把握し、記憶することの重要性である。そのことは、日本語については、日本人であれば自然に行っている。ジャバル、と聞いて山が思い浮かぶか？　しかもそれは、アラビア語ではどちらかというと岩山である。第13課において、山、岩山、高地、丘の区別をして、緑の山は、　طور　であることはすでに見た。

　このような訓練はあらゆる外国語習得の際の、一般的な原則である。本書の冒頭に書いた、天才ハインリッヒ・シュリーマンの話をもう一度思い起こしてもらいたい。

　前の課と同様だが、ここでも自分の単語帳を作るようにしようということは、そのまま自分の頭の整理ということで、**物の整理は頭の整理**、でもある。

| メモ |
| --- |

## 19課　自分の単語帳—実例

ここから2課は、具体的な単語帳のサンプルである。

サッカー用語

---

### １．規則

ゲーム再開　　　　　　異議申し立て استئناف اللعب الاحتجاج، الاعتراض

警告（黄色カード）・ブッキング　الإنذار　マーキング　المراقبة للاعب

アドバンテージ صالح اللاعب　　　　反則の妨害 العرقلة

ホイッスル الصفّارة، الصافرة　　ロスト・タイム الوقت الإضافي

ショルダー・チャージ المكاتفة الخصم　敵につばする بصقة على الخصم

ラインズマン حامل الراية، مساعد الحكم　タッチライن خط الالتماس

ゴールエリア منطقة المرمى　　　プレイオフ المباراة الفاصلة

ホーム داخل الأرض　　アウェイ خارج الأرض

オフサイド التسلّل　　ペナルティエリア منطقة الجزاء

退場　　الطرد من الملعب　ゴールポスト القائمان، القائم الرأسي للمرمى

クロスバー العارضة، قائم عرضي علوي للمرمى

ハーフライン خط المنتصَف

---

### ２．プレイ

カーブ التحويل　クロスボール（サイド変更の長いパス）التمريرة العابرة

オフサイドラップ（ディフェンスラインの押し上げ）التداخل

カバーすること التغطية　　ドリブル الجري بالكرة　壁 الحائط

スクリーン الحجز، الحجب

やり取り خذ وهات　　せめぎ合い الدفع　ディフェンス الدفاع

オウンゴール الهدف المعاكس　ディフェンダー المدافع

スイーパー الظهير القشاش　フーメーション التشكيل

（中盤）ミッドフィルダー لاعب خط الوسط

ストライカー、アタッカー、フォワード المهاجم

シュート تصويب الكرة تجاه المرمى　キック الضربة، الركلة

ハットトリック هاتريك

ヘディング　ضربة رأس　　　　　　タイゴール　هدف التعادل

コーナーキック　ضربة ركنية　　　キーパー　حارس المرمى

ハンド　لمسة يد　　　　　　インターセプト　الاعتراض، الإيقاف

クリアー　ضربة بعيدة للأمن　　　　シミュレーション　التظاهر

ファンブル　التخبّط

スライディング・タックル　الايقاف الانزلاقي

ダイビング・ヘッド　الضربة برأس الغطاس　リフティング　رفع الكرة

セットプレー　لعبة الكرة الموقرفة

スルー　التمريرة المباشرة　　　ヒーリング　الضربة بالعقب

フェイント　حركة الغشية، الإغماء　　プレス　الضغط

## 3．一般

リーグチャンピオンシップ　البطولة الدورية　ワールドカップ　كأس العالم

オリンピック　الأولمبياد　　　ユニバーシアード　أولمبياد الشبيبة

世界選手権　البطولة العالمية　　準々決勝　المباراة الربعنهائية

準決勝　المباراة نصف (شبه) النهائية　決勝　المباراة النهائية

アマチュア　هاو( الهاوي)　　プロ　محترف

記録する　سجّل رقما قياسيا

応援　هتاف ، تهليل　観衆　مشاهدون　　得点　هدف ، نقطة

優勝候補　مرجّح　トーナメント　دورة　引き分け　تعادل

優勝　فوز ، انتصار　予選　المباراة التمهيدية　チーム　فريق

競技会　مهرجان المباريات

前半・後半　الشوط الأول والثاني　監督　مشرِف　コーチ　مدرِّب

主審　حَكَمّ في الوسط　副審　مساعد الحكم

## 4．その他

シャツ　فانيلة، قميص، قمصان　　ショーツ　سروال

ストッキング　جوارب　脚の防具　واقي

**天体用語**

| | |
|---|---|
| 日食　（金環日食） | كسوف الشمس (كسوف الشمس الخاتمي) |
| 月食　（皆既月食） | خسوف القمر (خسوف القمر الكامل أو الكلي) |
| 宇宙　الكون، الفضاء　天体　الفَلَك　（ヌーフの方舟は、فُلك） |
| 星　النجم، الكوكب　星座　مجموعة النجوم الثابتة |
| 火　المرّيخ　水　عُطارِد　木　المشتري　金　الزهرة　土　زُحَل（定冠詞はない） |
| 恒星　النجم الثابت　惑星　النجم السيار　流星　النيزك |
| 引力圏　منطقة الجاذبية الأرضية　NASA　الوكالة الوطنية للطيران والفضاء |
| 銀河系　المجموعة المجرّية、天の川　المجرّة、الطريق اللبنية |
| 宇宙航空研究開発機構 JAXA　منظمة التطوير والبحث للطيران الفضائي في اليابان |
| 軌道　مسار　周回軌道　مدار　宇宙遊泳　تمشي فضائي　宇宙飛行士　رائد الفضاء |
| スペース・シャトル　مكّوك الفضاء　人工衛星　قمر صناعي |
| 宇宙ステーション　محطة فضائية |
| ロケット（後者はミサイルのことが多い）　صاروخ، قذيفة |
| ロケット発射台　منصّة إطلاق الصاروخ |
| 無重力状態　انعدام الجاذبية، انعدام الوزن |
| 天文学　علم الفلك |
| 天文台　المرصد الفلكي　（但し المِرصاد　は、アッラーの総覧される台のこと） |
| 望遠鏡　المنظار المقرب |
| 顕微鏡　مِجهر |

メモ

## 20課　自分の単語帳—実例・その2

環境・震災・気象用語

気候変動枠組み条約　معاهدة الإطار للأمم المتحدة حول تغير المناخ

国連持続可能な開発のための会議　مؤتمر الأمم المتحدة من أجل التطوير القابل للاستدامة

京都議定書　بروتوكول كيوتو　　生物多様性条約　معاهدة التنوع الحيوي

温室効果ガス　الغازات الدفيئة　　地球温暖化　احتباس الحرارة الأرضية

アマゾン熱帯雨林破壊　تدمير الغابات الاستوائية المطرية في أمازون

酸性雨　المطر الحمضي　　砂漠化　التحول إلى الصحراء

排出量取引　صفقة كمية الانبعاثات

ヒートアイランド現象　ظاهرة الجزيرة الساخنة

オゾン層　طبقة أوزون (السفلى من الغلاف الجوي)

絶滅危惧種　النوع الخطر للإبادة

産業廃棄物　النفيات الصناعية　　低炭素社会　المجتمع الخفيف الكاربون

再生紙　الورقة المستعادة　　ゼロエミッション　صفر النفيات والانبعاثات

太陽光発電　توليد الطاقة من أشعة المشس

バイオマス・エネルギー　الطاقة النبتية


震災　زلزال جـ زلازلُ　地震　كارثة جـ كوارثُ، مصيبة جـ مصائبُ

震度　درجة الهزة　　稲妻　رعْد　　雷　برق، صاعِقة جـ صواعِقُ

火事　حريقة جـ حرائقُ　津波　تسونامي

嵐・竜巻　إعصار　　被害　مُصيبة

台風　فيضان جـ فيضانات　洪水　عاصفة جـ عواصفُ، زوبعة جـ زوابعُ

被災者　منكوب　　被害者　مصاب　　死者　ميّت جـ موتى

負傷者　جريح جـ جُرحى　犠牲者　ضحية جـ ضحايا

殉死者　شهيد جـ شهداءُ

瓦礫　أنقاض　　廃棄物　نفايات　排気物　انفلات

遺留品・残留物　مخلّفات

山崩れ　انزلاق الجبل　　崖崩れ　انزلاق الجرف

地崩れ　انزلاق الأرض
地割れ　شق الأرض　　液状化現象　ظاهرة الأرض المسيلة

天気予報　نشرة جوية　　気象台　مرصد جوي
天気、天候　طقس، جو
気候　مناخ　　季節　موسمٌ جـ مواسمُ　　大気圏　غلاف جوي
時雨　مطر الخريف
にわか雨　وابل المطر　　豪雨　مطر غزير　　雷雨　مطر رعدي
湿度　رطوبة　　春雨　مطر الربيع　　鉄砲雨　مطر متركز شديد

震度　درجة الهزة
竜巻　زوبعة　　虹　قوس القُزَح　　蜃気楼　سراب　　そよ風　نسيم
みぞれ　مطر مع ثلج　　ひょう　بَرَدٌ
あられ　قطرات المطر المتجمدة

## 政治関係用語

アラブの春　الربيع العربي، ربيع العرب　　旧体制　فلول
革命・反乱・蜂起　ثورة، انتفاضة　　騒動　شغب
クーデター　انقلاب　　デモ　مظاهرة
デモ隊員　متظاهر　　反乱　تمرد　　スローガン、ロゴ　شعار
マーチ, パレード　مسيرة　　ストライキ　إضراب
居座り　اعتصام　　ハンガースト　إضراب عن الطعام، إضراب الجوع
迫撃砲　هاون　　催涙弾　رصاص مسيل للدموع
ゴム弾　رصاص مطاطي　　実弾　رصاص حقيقي
空砲　رصاص فراغي　　液化ガス　الغاز المُسال
手榴弾　القنبلة اليدوية
ミサイル・ロケット　صاروخ جـ صواريخُ، قاذفة جـ قواذف
戦車　دبابة　　爆発物　عبوة ناسفة　　地雷　لغم جـ ألغام
装甲車　سيارة مصفحة، مدرعة

外出禁止令　حُكمٌ لعدم التجول　　治安軍　قوات الأمن

軍最高評議会　مجلس أعلى عسكري　暫定政府　حكومة انتقالية

ミリシア　شبّيحة　　兵役離脱　الانشقاق

独裁者　دكتاتور، طاغ　　専制者　مستبدّ

軍事政権　حكومة عسكرية

文民統制　حكم مدني　　腐敗　فساد

正義・公正　عدل، عدالة

流民　نازح، مهجّر　　難民　لاجئ　　移民　مهاجر

衝突　اشتباك　　大衝突　اصطدام، صدمة

攻撃　هجوم

攻撃, 急襲　اقتحام　　テロ　إرهاب

迫害　اضطهاد

拷問　تعذيب　　甘やかし　تدليل

虐め　تضييق

脅迫　تهديد　　強姦　اغتصاب

抗議　احتجاج

爆発　انفجار　　暴力（後者は元々大ナタのこと）　عنف، بلتجية

狙撃兵　قناص

逮捕・拘束　اعتقال　　拘留　حبس　　没収　مصادرة

侵害　انتهاك　　違反　مخالفة　　侵犯　تعدٍ

反響　تداعيات　　意味合い　ملابسات

死者　قتيل جـ قتلى　　負傷者　جريح جـ جرحى

病院　مستشفى　　クリニック　عيادة

救急車　سيارة الإسعاف

薬屋　صيدلية　　病気と薬　داء ودواء

救援　إغاثة　　救済　إنقاذ

メモ

# ３．文章作成のポイント

## 21課　動詞文と名詞文

　アラビア語の作文上、日本語と比較していくつか注意すべきことがある。その一つは日本語では理由を種々述べてからその結果を述べる順序が好まれるが、アラビア語では逆のことのほうが多い。もちろん物事をはっきりさせたいという民族性も背景にあるといえよう。

　このような話法の違いはさて置いて、ここでは文章作成に当たって日本語にはない問題を取り上げる。それが名詞文と動詞文の区別である。それは日本語にない動名詞などの品詞の使い方が難しいのと同様に、簡単そうでも習熟するのは容易でない。

　**強調すべきは、アラビア語では基本は動詞文であり、名詞文の使用されるのは新聞の見出し、あるいは動詞文を補うような位置付けの文章に限られるということである。また名詞文は日本語で言うと、体言止めの表現に非常に近い感覚で受け止められるということを冒頭に指摘しておきたい。**

1. アラビア語文章の原則は、動詞から始まる動詞文である。
　その構造は単純にいえば、動詞＋主語＋述語という形式になる。われわれの必要とする文章は、この構文だけでも手紙の一つくらいは十分書ける。だから単純なようだが、この動詞文こそはアラビア語の基本形であるという気持ちをもう一度確認しておきたい。

　その際、ここで留意しておきたいのは、動詞の性である。主語が女性ならば、動詞も女性とするのがあたり前のようだが、実際はそうでもないということである。例えば、

　最近あの会社は最大の生産をした。　　أنتج　في السنوات الأخيرة　تلك الشركةُ أكبر كمية.

というのを見てみよう。「最近」というところを強調する意図から、そ

87

の句を動詞の直後に持ってきたとすると、動詞と女性名詞の間がかなり空くことになる。このような場合は、動詞と女性名詞の主語との連関が薄れて男性形の動詞でも構わないということである。つまり一般的には、主語の性に関係なく男性の動詞で始めることができるという考え方も可能である。この例は多いので、普通の文法書に書かれているのより、はるかに柔軟に考えないと、多くの文例で頭を抱えてしまうことになる。

　経験を重ねると完全にアラビア語では、動詞文が自然に思えてくるから不思議なものである。理屈よりもこのような感覚レベルまでアラビア語に慣れないと、この動詞文 vs. 名詞文の話は終止符を打つことはないだろう。ここでの説明は、そのような段階にいたるための橋渡しに過ぎないのである。


2．次に名詞文である。

（1）体言止めの感覚―これは動詞文とは逆に、名詞＋（動詞）＋述語、という形式を取る。日本語や英語の発想だとこの方が自然に感じるが、アラビア語では動詞文より名詞文のほうが圧倒的に少数派あるいは例外扱いである。伝統的には、先に出された名詞は呼びかけの言葉であって、主語ではないと説明されることもあるくらいである。そこで同じ文章を名詞文にして見よう。

　最近、最大の生産をあの会社がしたこと。

تلك الشركة أنتجت أكبر كمية في السنوات الأخيرة.

　名詞文は日本語の体言止めの感覚だということを示すために、ここではあえて体言止めの日本語文とした。動詞文を自然と感じる段階ではすでに、名詞文を体言止めと感じるようにもなっているのである。

（2）接頭辞で強調―以上のように原則としていきなり名詞から文章を始めるのは避けるが、あえてそうする場合には名詞の前に接頭辞が置かれるのが通常である。その代表格であり典型は、إِنَّ　である。この接頭辞は、英語では、「実に verily」などと訳されることもあり、ただ単に名詞文を導く機能だけではなく、元来は強調する意味を持ってい

る。つまり名詞文はただ動詞との順序を逆にしたというのではなく、名詞を先にして、またさらにこの接頭辞を持ち出して、主語の名詞を何がしか強調することが意図されていると考えられる。

　補足しなければいけないのは、接頭辞の後には主語の名詞がすぐに来るのが原則だが、これも例外が少なくない。例として上と同じ文章を使ってみると、

　あの会社は最近最大の生産をした。

إنه في السنوات الأخيرة تلك الشركة أنتجت أكبر كمية.

となる。つまり接頭辞の直後に、形式的な指示代名詞の　هـ　が入ったのである。これは接頭辞と主語の名詞の間隔が空いたから生じた現象である。これも多出する事柄である。

　(3) 付属文として―このような本来の意図を了解した上で、他方で実際についていうと、動詞文ばかりだとマンネリのようになるので、調子に変化を持たせるためにその途中で適宜名詞文を持ち出すというケースもかなりある。次の文章は、短い一例である。

　あの会社は最近最大の生産をしたが、この会社はまだ多くは生産していない。

أنتجت تلك الشركة أكبر كمية في السنوات الأخيرة وهذه الشركة لم تنتج كثيرًا بعد.

　(4) 副詞句で始める場合―動詞文と名詞文を中軸にするにしても、最近は欧米語の影響もあり、副詞句などが文頭に来ることも増えている。これも同じ文章で例を示すと、

　最近あの会社が最大の生産をした。

في السنوات الأخيرة أنتجت تلك الشركة أكبر كمية.

となる。これだけのことなら間違いとは言えないし、特に問題とすべきことはないようだ。しかし度重なると、大なり小なり外国人臭さが気になりだす。再度われわれ非アラブ人としては、留意したいものである。

メモ

## 22課　成句と慣用句—独立したもの

　主文と従属文を繋ぐ接続句が、自然に使えるようにする必要がある。以下にはまず独立した使用が可能なものを例示する。どれもよく使われるので重要だ。

---

**以前・上述の通り**　كما سبق، كالسابق، كما سلف، كالسالف، آنفا، آنف الذكر

　最後のだけは、複合形容詞だから名詞の後に来て、その名詞を修飾する場合に使用する。それ以外は独立の成句、あるいは副詞（形容詞の対格）として使用。

　前述の問題　　مسألة آنفة الذكرِ

　また名詞と同格において、上に見た、下に見る、というのは、أعلاه, 、أدناه　である。

　上に見た研究結果　　نتيجة البحث أعلاه　　　下に見る議論　　النقاش أدناه

---

**嫌々ながら vs 喜んで**　غَصْبا عن ---، بكل سرور

　私は疲れていたので、嫌々ながら仕事に行った。
لأني كنت تعبانا، ذهبت إلى العمل غصبا عنّي.

---

**遅かれ早かれ**　عاجلا وآجلا

　アラビア語では英語（sooner or later）と同様に、「早かれ遅かれ」と言っており、日本語と逆の順序になっている。

---

**逆に**　على العكس، بالعكس

　望んでいたのとは逆方向に、われわれは本を並べた。
نظمنا الكتب على عكس ما كنا نريد.

敬意を表して　　　تكريما لِ ---

その像は、彼の業績を称えて立てられた。

قد أُنشِئ له تمثال تكريما لإنجازاته.

---

答えて　　　تلبيةً لِ --- ، إجابة على ---

要求に応じて、援助が送られた。　　قد قُدِّمَتْ المساعدات تلبية للطلبات.

---

今後は、これからは　　　من الآن وصاعِدا

---

再三 vs めったに～ない　　　مِرارًا وتِكرارّ ا، نادرا

彼とはめったに会わない。　　أقابله نادرا.

---

最小限でも、最低限に　　　على الأقل ، إلى حدٍ أَدْنَى

---

最大限に、できるだけ　　　على قدر الإمكان، على الأكثر، إلى حدٍ أقصَى

---

最善で望ましいかたちで　　　على أحسنِ ما يُرام

私の健康は、全く快調だ。　　إن صحتي على أحسن ما يُرام.

---

幸いに vs 幸にも　　　لحُسنِ الحظ ، لسُوءِ الحظ

---

残念ながら vs　満足げに　　　للأسف ، في رِضًا (رضىً)

贈り物は、満足げに受け取られた。　　قبِلتُ الهدية في رضىً.

---

しそうな　　　على وشكٍ ---

ほとんど家から出ようとしたら、電話がなった。

رن جرس الهاتف ونحن على وشك الخروج من البيت.

自分で、自立的に　　تلقائيا ، من تِلقاء نفسِه

前者は、自動的に、という意味でも用いられる。

自ずとわれわれは良い結果を得た。　كسبنا النتيجة الحسنة تلقائيا.

---

上下逆さまに　　رأسًا على عقِب

生徒達は逆順に並んだ。　اصطفّ التلاميذ رأسا على العقِب.

---

徐々に　vs　どんどん・益々　بالتدريج (تدريجيا ) ، أكثرُ فأكثرُ

---

絶対に　　حتمًا ، على الإطلاق

---

全体に　vs　個別に　بأسرِهِ ( بأكملهِ　برمته ، بالجملة) ، على حِدة

皆残らず、破壊された。　هُدِم برمته.

個別に（厳しい）捜査があった。　أُجرِيَ التفتيش على حدة.

---

総意によって　　بالإجماع

コンセンサスでその決定は採択された。　أُتخِذ القرار بالإجماع.

---

相当な・悪くない　　لا بأسَ بـ --- ، في ---

相当多くの観客が集まった。　قد حضر المشاهدون في عدد لا بأس به.

---

その他　　إلى آخِره، إلخ

　後者は略記法。この言葉は日本語でも少し物事を軽く扱っている感覚があるが、アラビア語の場合はさらにその感じが強い。〜など、その他関係者、という言葉を日本語ではよく使うが、それが人を指している時には失礼にならないかを慎重に考慮する必要があり、できれば避けるのが安全だろう。別の表現としては、

　　　--- وغير ذلك

メモ

## 23課　成句と慣用句—独立したもの・その2

---

大体で　vs　詳細に　　　　　بالتقريب ، بالتفاصيل

---

多数で　vs　少数で　　　　بالأغلبية ( بالأكثرية)، بالأقلية

　圧倒的多数で、われわれはそれに賛成した。

وافقنا عليه بالأغلبية الساحقة.

---

直ちに　　　على الفَوْرِ

---

〜だろう　　　رُبّما ، يا تُرى

　（後者は第4型で　أرى の現在形2人称受動形、あなたは見せられるだろう、の意味が転化したもので、古風な語感で疑問文を作る）

　あなたはその映画が好きになるだろうか?　　　يا ترى هل تحب ذلك الفيلم؟

　あなたはその映画が好きになるかもしれない。　ربما ستحب ذلك الفيلم.

---

直後に　　　على الأثَرِ

　革命が起こったが、彼は直後に国外へ出た。

قد حصلتْ الثورة وغادر البلاد على أثرذلك.

---

次の通り　　　كما يلي، كالتالي،

　現在の状況は次のとおりです。　إن الوضع الحالي كما يلي.

---

常に　　　دائما وأبدا

　この二つの言葉を合わせて使ってもよいし、あるいは前者だけでも可能。後者だけだと、「絶対〜でない」という否定の強調の意味になる。

## 同然・相当して　　بمثابةِ --- ، كنايةً عن ---

（次頁の、「匹敵する」も参照のこと）

有名大学入学は、人生の最終的な成功と思われがちだ。

إن الدخول في الجامعات المشهورة يُعدّ مرارا بمثابة النجاح النهائي في الحياة.

---

## 同様に　　　　على السواء ، بالتساوي

アラビア語で平等感を語るときには、「櫛の歯のように」كأسنان المُشْط というたとえ方がよく用いられる。

男女は同様の権利を持っている。　　للنساء والرجال حقوق بالتساوي.

---

## 特に　　　خاصة ، بخاصةٍ ، ولا سيّما

---

## とにかく　　　على كل حالٍ

---

## 何気なく　على غَفلةٍ

---

## ～以外は、～を除いては　　ما عدا --- ، باستثناء --- ، ما خلا ---

互いに意味上の差はないが、最初の二つがよく使われる。

---

## 場合によっては　　في حال من الأحوال

場合によっては、会議は延期される。

في حال من الأحوال قد يُؤجل الاجتماع.

---

## ～に反して　　خلافا لِـ ---

期待に反して、その馬は競走に敗れた。

انهزم الفرس في السباق خلافا للتوقعات.

<u>匹敵する</u>　　عبارة عن --- ، بمثابةِ --- ، كنايةً عن ---

　一番目は、言い換えると、に当たる。

　二番目は、相当する、に当たる。英語の、tantamout to です。

　三番目は、比喩すると、に当たる。

---

<u>むしろ、言い換えると</u>　بالأحرى ، بعبارةٍ أخرى

　彼は今勉強などしていない、いやむしろ寝ている。

لا يدرس الآن، أو بالأحرى هو نائم.

---

<u>〜様子（状態）で</u>　في صورةٍ --- ، في شكلٍ ---

　これは外来語を訳すために発達した用法で、少しアラビア語としては違和感がある。しかし需要の大きさからしてそんなことも言っていられなくなったし、これからも増えるだろう。多くの場合は前者を用いるが、以下はその諸例。

　継続的に　　في صورةٍ --- مستمرةٍ ، متواصلةٍ(以下同様)、

　断続的に　متقطعة

　正式・公式に　رسمية、形式的に　شكلية　、名誉ある形で　مشرّفةٍ　、

　早々と　مبكّرةٍ　、　遅れて　متأخّرةٍ　、

　嬉しくない様子で　غير مُرضية

　増加して　متزايدةٍ　、　減少して　مُنْخفِضة

---

<u>要するに、省略すると</u>　vs　長々話す　　بالاختصار( بالإيجاز )　、
بالإطناب

　事柄の説明を長々としたので、少なくとも１時間は話していた。

تحدث لمدة ساعة على الأقل لأنه شرح الأمر بإطناب (بإسهاب).

メモ

## 24課　成句と慣用句—文章を導くもの

（　）の中の أنّ に文章が続くが、أنّ を省くと直後に名詞を付けることができる。

---

**～間は**　في غضون ( أنّ )

خلال と意味は同じだが、～を通して、のように、ここに挙げたものは少しは味のある表現と言える。辞書で غضن の意味を見ると、皺（しわ）と出ているので納得できる。

学生の日々を通して、彼は勉強に没頭した。

في غضون أيام الطالب، غاص في الدراسة.

---

**明らかに～だ**　الظاهر أنّ ---، من الواضح أنّ ---، غني عن البيان أنّ ---

明らかにその事故は彼の責任だ。　الظاهر أنّه مسؤول عن الحادث.

二番目については、次の課の「～である」の項を参照。من を使えば、制約なく自分で新しいものが作れる。

三番目については、下記の「いうまでもなく」の項も参照

---

**あまりに～なので～だ**　--- لدرجة أنّ ---

この表現は、英語の so ～ that の翻訳語。因果関係がはっきりしていて便利だが、使いすぎないように要注意。

あまり早く食べたので、胃が痛い。　أكلتُ سريعا لدرجة أن المعدة توجعني.

---

**いうまでもなく**　غني عن الذكر أنّ ---، يُستغنى عن الذكر أنّ ---

前者は形容詞、後者は現在形動詞の受身形で始まっている。

いうまでもなく、言葉は文化の架橋だ。

يُستغنَى عن الذكر أن اللغة هي جسر التواصل الثقافي.

بفضل ( أنّ ) ---　　～のお陰で

　　これは単純な構造だが、日本人にとっては便利極まりない成句である。相手にお蔭様で、というのは、日本文化とは切っても切れないからだ。意味としては、～の特典によって、ということから来ている。
　　ご協力いただいたお陰で、無事その仕事を終了しました。
بفضل تعاونكم اللطيف، قد انتهينا من العمل في سلام.

---

أغلبُ الظنِّ أنّ ---　　恐らくは～

　　大半の考えは、という表現になっている。
この種の言い出し方としては、他の成句も考えられる。
例えば --- من المحتمل أنّ--- ، من المتوقع أنّ --- ، على ما أظنّ أنّ ---　　など。
前二者については次の課にある、「～である」の項を参照。
また最後の、على　　を使えば、また応用が色々できる。
على ما أشعر أنّ ---　私の信じるところ على ما　私の感じるところ---
اعتقِد أنّ ---
على ما أرى أنّ ---　私の見るところ---　　　　私の聞いているところ على ما أسمع أنّ ---

---

بدلا من ( أنّ ) --- ، عِوَضا عن (أنّ) ―　　～代えて
　　車に代えて、飛行機で行った。
ذهبنا بالطائرة بدلا من السيارة.

---

اعتبارا من ( أنّ ) ---　　～から　(有効)

　　動詞の、اعتبر　は「検討する」だから、「～から検討する」という意味が転じて、「～から出発して」という意味の成句になった。特に「何月何日から」といったときの常套句である。

## ～関係なく 　بصرف النظر عن ( أنّ ) --- ، بغضّ النظر عن ( أنّ ) ---

前者は視線をやらずに、後者は視線を伏せても、といった言い方になっている。後者の、غض　という音の方が強いからか、前者よりもよく見受ける。

貧富に関係なく、一人一票投票権がある。

بغض النظر عن الأغنياء أو الفقراء، فلكل واحد حق التصويت.

## ～関しては 　بالنسبة إلى ( أنّ ) ---

私について言えば、などというときも使用可能。口語では بالنسبة لِ
--- という形でよく耳にする。

宇宙飛行など私にとっては、無意味だ。

بالنسبة إليّ ، لا يهم الطيران في الفضاء.

## ～結果 　نتيجةً لِ( أنّ )---

精一杯の努力の結果、彼は試験をパスした。

نتيجة لبذل قصارى جهده، نجح في الامتحان.

## ～を口実にして～ 　بذريعةِ أنّ --- ، بحُجّةِ أنّ ---

後者の口実はかなり嘘に近い印象もある。しかし論拠という意味もあるので、嘘と決まったわけではない。この点慎重に読みたいものである。

他方、～を言い訳にして、の場合は、--- أنّ --- بعُذْرِ　というが、この場合も嘘と決まったわけでないのは同じである。

## さもないと 　--- وإلاّ 　（発音は、ワ・イッラー）

若い間に学べ、さもないと時はすぐ過ぎる。

تعلّم خلال أيام الفتوة وإلا مضى الوقت بالسرعة.

<u>さらに～</u>　إضافةً ( أنّ ) ---، بالإضافةٍ إلى ( أنّ ) ---، زِدْ على ( أنّ ) ---

　最後のものは、زاد の命令形で、～に加えろ、という言い方になっている。

　人口が多いのに、さらに国土が狭い。

　　يكثر عدد السكان بالإضافة إلى أنّ مساحة البلاد صغيرة.

---

<u>しかし</u>　بيد أنّ ---، لكنّ ---، مع أنّ ---، غير أنّ ---

　これら四つは互いにほとんど違いはないので、作文上繰り返し同じのは使わず、適宜使い分けるようにしよう。

---

<u>～従い・基づいて</u>　بناء على ( أنّ )---، بِحَسَبِ ( أنّ )---، حَسَبَ ( أنّ ) ---، وفقا لـ ---

　これら四つが標準的だが、より法律的（第～条項に従い、など）には、بموجب ---、بمقتَضى ---。文面が原文通りで間違いない、という場合には、طِبقا لـ --- が用いられる。また相手の要求や希望に従う、というときは、身を挺してそれに従う、との感覚から、نزولا على طلب فلان، نزولا على رغبة فلان という表現が用いられる。

　على أساس أنّ --- on the basis of という英語直訳の言い方。

　口語的には、「～と共に歩いて」という言い方で、تمشيا مع أنّ --- という表現方法もある。

　このように需要と使用頻度の高い成句は、慣用として分野ごとに分かれて熟語化している。

　さらに、「～のモデルによって」という言い方で、「従い」という意味の成句には、

على غرارِ ---، في صيغةِ ---، في طِراز ---، في نَمَطِ ---، في شكلِ ---، قدوةً ---

など続々とある（順に、剣の刃先、形態、モデル、パターン、形、理想的モデルの意味の言葉が使われている）。

## 25課　成句と慣用句—文章を導くもの・その2

---

**～したり、～　したり**　　　--- تارة و--- تارة أخرى

أكلت تارة وشربت تارة أخرى.　時に食べたり、時に飲んだりした。

---

**たとえ～でも**　　---حتى ولَوْ ---

أذهب حتى ولو يمطر.　　たとえ雨でも私はいく。

---

**多分～**　　ربما --- ، لعلّ --- ، عسىَ أنْ ---

　最後の أنْ に続く動詞は、接続法になる。最初の、 ربما だけは口語でも耳にするが、後二者は明らかに文語用だ。

---

**～ために**　　في ---، من شأن ( أنّ ) ---، في سبيل (أنّ) ---، من أجل ( أنّ ) ---
خدمة (أنّ) ---، هدفا لـ (أنّ) ---، بُغيةً ( أنّ )---

　どれも目的を表す。いずれもよく知られた単語の合成なので、活用方法は問題ないだろう。

---

**～である（あった）、（そこで）**　　(كان) من الـ--- أنّ --- ( ف ---)

　من 以下の前置詞句で始まる文章を、独立の主文としても作れる。そして前置詞 من に続けて、定冠詞のついている形容詞あるいは分詞を挿入すれば、色々の新しい成句が自分でも創出できる。

　しかし元は、外国語のアラビア語訳のために発展した表現法なので、これも便利ではあっても過剰な使用は慎重にしよう。

　　明日は晴れると、予測されている。

من المتوقع أن يكون الجو جميلا غدا.

　この種類は非常にたくさん見かけるが、用法はどれも同様。前置詞 من に続けて、定冠詞のついている形容詞あるいは分詞を挿入すれば、どうにでも創出できる代物だ。

من المُتَوَقع، 期待される　　من المُمكِن、 可能である

---

103

| 決められた | 、من المُقرّر | 多分 | من المُحتَمَل، |
|---|---|---|---|
| 待望される | من المُنتظر، | 明らかだ | من الواضح، |
| 幸運・悪運だ | من حُسن أو سوء الحَظِ، | 確かだ | من المُتأكِّد، |
| ～の方が良い | من الأفضلِ، | 当然だ | من الطبيعي، | 義務だ | من الواجب، |
| すべきだ | من المفروض | 、 | 重要だ | من المُهم |

---

**特筆すると** --- نخص بالذكر أنّ

主語は一人称単数かもしれない。あるいは、--- も بالذكر الخاص أنّ
可能。

多くの業績の中でも、この著作は特筆に価する。

من بين الأعمال المتنوعة، يخص هذا التأليف بذكر خاص.

---

**～どころか** --- ناهِيك عن (أنّ) ---

نهى は、禁じる、の意味で、その能動分詞に 2 人称代名詞が付け
られている。～はもういうべくもなく、といったところだ。無理に暗
記しようとせずに、一応自分としての分析をして、その経験を通じて
覚えるとよい。

私には、本どころか筆もない。 ليس لديّ كتابٌ ناهيك عن القلم.

---

**中には、～を含んで** بما في ذلك

建物が多いが、その中には学校もある。

توجد مبانٍ كثيرة بما في ذلك المدارسُ.

---

**必然に** لا محالة من ( أنّ ) ---، لا بد من ( أنّ ) --- ، لا مفرّ له من ( أنّ )

--- いずれも、逃げ道はない、といっている表現方法。～せざる
を得ない、といったような場合に、ぴったりだろう。

暑いが仕事に行かざるを得ない。

لا بد من أداء العمل رغمَ أن الحرارة عالية.

<u>～別に、～ではなく</u>　　--- ( أنّ ) فضلا عن

「特典、好み」という意味の、فضل が「～から遠ざかって (عن)」というところから、「～ではなく」という意味の成句として用いられる。

勉強ではなく、彼はサッカーをした。　　لعب كرة القدم فضلا عن الدراسة.

---

<u>～方法・手段で</u>　عن طريق ( أنّ ) ---، من خلال ( أنّ )---، بواسطة ( أنّ )

--- 英語の、by way of 、through、 by means of に相当しており、多分に翻訳調の成句。

---

<u>他でもない～だ</u>　--- ألا وهو （発音は、アラー・ワ・フーウワ）

アジアには世界最高の山がある、それは他でもない、エベレストの山々だ。

يقع أعلى جبل في العالم في آسيا، ألا وهو جبل إيفرست.

---

<u>要するに</u>　جُلّ ما في الأمر أنّ ---، جملة القول أنّ ---

جُلّ は、大部分という意味だから、「ことの主体は～」と言っているわけだ。それで、要するに、ということになる。

後者は、発言の全体は、と言っており、「要するに」の意味に転化している。

---

<u>～理由だけで</u>　بمجرّد ( أنّ ) ---

駐車違反だけで、3万円もとられた。

بمجرد أن خالفت تعليمات موقف السيارة، فقد عوقبتُ بسداد ثلاثين ألف ين.

---

<u>～理由で</u>　بِسبب ( أنّ ) ---، من جرّاء ( أنّ ) ---، 

病気がもとで、宴会を欠席せざるを得なかった。

من جراء المرض أجبِرَ على أنه يغيبُ عن الحفلة.

メモ

## 26課　主文と従属文—条件文など

　　主文に従属文を巧みに加えると、作文力は倍増する。

### 1.　条件文

---

もし〜ならば、〜であろう（過去形もあり）　---（ فَ 、لَ）、---  إنْ أو إذا

　主文と従属文の順序は、前後どちらでも可能である。

　主文が動詞文でそれを強調するときは、接辞の لَ　を入れる。主文が名詞文ならば、その文頭には、 فَ　を入れてその後に直接名詞で始める。

　動詞は主文も従属文も従来は短縮形とされたが、現代用語としては、通常の過去形あるいは現在形でも問題はない。また両時制が混在しても問題とされない。ただし形が過去形であっても条件文では、意味は現在かもしれない。日本語でいっても同じことだが、例えば、「晴れていたら、遠足に行けたのに・・・」の場合、現在のことかもしれない。

　過去であることを明確にする必要があれば、昨日、のような過去を示す副詞を入れるか、あるいは動詞を過去完了にする。

　手紙を出しておいたならば、もう着いていただろう。

إنْ كنتُ أرسلتُ خطابا، لكان وصل (فقدْ وصل).

---

例えば〜であれば、〜であろう（過去形もあり）　---（ فَ 、لَ）، ---  لو

　事実ではないことが条件のときに使う形である。

　主文と従属文の前後はどちらでも良いことや、動詞の時制のルールは、上記の إنْ --- に倣う。この لو --- ひとつをとっても、アラブ人と話をして彼らが実際に使用するときの、「本当にそんなことがあったのならば、・・・」といった気迫を肌で感じれば、すぐに自分の語彙として習得することができる。そして決して、上の إنْ や إذا と混乱させることはないだろう。口語の効用である。

　日本に地震がなければ、国造りはもっと容易だろう。

لو لم يكن هنا زلزالٌ في اليابان، (لَ) كان إعمار البلاد أسهلَ.

ما --- ، طالما --- ، ما دام ---   〜の限りは

生きる限りは、酸素が必要だ。

نحتاج إلى الأكسيجين ما دُمْنا نعيش.

---

أينما   どこであれ

どこであれ地震は怖い。

إن الزلزال مخيف أينما كان.

---

متى ما   いつであれ

いつであれ、私は支払う用意はある。

إني مستعد أن ادفعَ المال متى ما كان.

---

كيفما   どうやってでも

どうやってでも、私はあの国から逃げたかった。

كانت رغبتي في أني أهربَ من تلك الدولة، كيفما كان.

---

مَنْ   誰であれ

誰であれ、彼は回りの人達を助けた。

أنقذ من كان حوله.

---

مهما   何であれ、どれほどであれ

状況がどうであれ、彼は進んだ。

مهما يكنْ الوضعُ، تقدّم.

---

كلّما   毎回ごとに

会うたびごとに私は彼に御礼を言った。

شكرتُه كلما قابلته.

誰もが　كلَمنْ

アジアの人は、誰もが平和達成を望んでいる。

يتمنى كلمن ( كل من ) في آسيا تحقيق السلام .

2. 前置詞句を使う―24課、25課記載以外で頻出のもの。

~にもかかわらず　على الرغم من ( أن ) --- 、

　従属する部分を、أنّ　に続いて名詞文を入れれば従属文になり、あ
るいは、أنّ　なしで直接に単語の名詞を入れて従属句にすることもで
きる。主文と従属文（あるいは従属句）の前後の順序は、どちらでも
可能である。

~の点において、~に鑑みて　--- من حيثُ 、

　主文と従属文の前後の順序はこの場合もどちらでも可能。これは主
として理由や原因を示すときに用いる。حيث　は副詞だから、その後
は、أنّ　なしで動詞文が続く。

　その番組は有名な人が出るので、人気が高い。

لذلك البرنامج شعبية كبيرة من حيث تمثيل أناس معروفين فيه.

~ほどに　--- بحيث ---

主文と従属文の前後の順序はこの場合もどちらでも可能で、程度を示
す。

　食べ過ぎて胃が痛い。　أكلت كثيرا بحيث آلمتني المعدة.

　覚えるほど深く読んだ。　قرأته بتعمق بحيث تذكرته.

メモ

## 27課　主文と従属文—種々の主従関係

### 1. 関係代名詞の活用　—「そのことが」" ・・・　、which"

　主文全体を受ける従属文を作成する方法としては、関係代名詞を使っての方法しかないので、貴重で便利な方法である。

---

--- الأمر الذي ، ----

　前の主文全体を受けて、この一句で後ろの従属文につなげられる。この言い方は外国語の影響で作り出されたものである。英語で、Jack did not see his girl friend, which made him worried.　といったときなどのアラビア語の翻訳である。

　不景気が広がり、それが失業を招いた。

انتشر الركود الاقتصادي، الأمر الذي أدّى إلى فقدان العمل.

---

--- مِمّا　:　--- مِمّا ---

　これは形としては、من ما　が合成されたものだが、文中あるいは文頭にも来ることができる点が上の الأمر الذي　と異なる。意味上は同じだが、こちらの方が本来のアラビア語であって、翻訳臭はない。

　不景気が広がり、それが失業を招いた（比較のために、上記と同文にした）。

انتشر الركود الاقتصادي مما أدى إلى فقدان العسل.

　注目されるのは、あの選手がスポーツ・クラブに入ったことだ。

مما يَلفِتُ النظرَ أنّ ذلك اللاعب التحق بالنادي الرياضي.

　気づかされるのは、彼女が髪形を変えたことだ。

مما يُلاحَظ أنها غيّرتْ شكل شعرها.

## 2. 接辞の活用

　ここで見るのは、従属文を導く接辞の類である。これらはいたって使いやすく、また意味上も日本語や英語の感覚に近いものが多い。

---

**～について言えば**　　أمّا --- ف --- ---

　日本はといえば、島国だ。

أما اليابان فهي بلاد تتكوّن من جزر.

---

**～するや否や**　　سرعانَ ما --- ف --- ---

　帰宅するや否や、私は新聞を読んだ。

سرعان ما رجعت إلى المنزل فقرأت الجريدة.

حالما --- ،　　ما أنْ --- حتى --- ، لم يكدْ --- حتى ---

　次も上と同様の使い方。

　帰宅するや否や、私は新聞を読んだ。

حالما رجعت إلى البيت، قرأت الجريدة.

لمْ أكدْ أصلُ إلى البيت حتى قرأتُ الجريدة.

---

**～であれ、～であれ**　　سواءً --- أو --- ، إما --- أو---

　彼は日本でも世界でも有名だ。

يشتهر سواءً ( إما ) في اليابان أو في العالم.

---

**～だけでなく、また～だ**　　ليس ( لا ) --- فحسب ( فقط ) ، بل --- أيضا.

　日本だけでなく、アメリカでも有名だ。

لا يشتهر في اليابان فقط بل في أمريكا أيضا.

---

　英語の、not only but also そのものをアラビア語に直訳したものである。欧米人は好んで使うが、われわれは躊躇する代物である。アラビア語としては、このように二者対立関係や少なくともピンと緊張

112

の糸が張り詰めたような関係において物事を捉えることは少ないといえる。その意味で、この表現は言語を越えた思考方法の違いを示す一例にもなっている。

---

**〜かどうか**　　إذا (ما) --- أم لا، هل --- أم لا

金持ちか貧乏かは関係ない。

لا يهمّ هل هو غني أم فقير.　　　　ليس مهمًّا إذا (ما) كان غنيا أم لا.

---

**〜に過ぎない**　　ليس إلا ---، ما --- إلا---، لا أكثر من ---

人生は一瞬に過ぎない。

إن الحياة ليست إلا حدثا في وَهْلةٍ.

---

**一方で〜**　　--- من جهة، و--- من جهة أخرى

主文でも従属文でも、動詞文でも名詞文でも可能である。あるいはさらに、名詞だけでも使える。

人口減少の一方、教育水準の低下が見られる。

نشاهد تقلّص عدد السكان من جهة، وتدني مستوى التعليم من جهة أخرى.

メモ

## 28課　古典表現の活用

　　　アラビア語では、日本語におけるよりもはるかに古典の表現や諺がそのまま生きている。これらは徐々に若い世代から消えつつあるのも事実だが、まだまだ有効な手法である。また一流の政治演説などでは、一つの重みを加えるためにも活用されている。本格的にはそれらの古典の原典を学ぶということになるが、それはわれわれの当面の課題ではない。

　ここでは今日比較的よく使われる言い回しを中心に、古典と現代的なものからいくつか紹介したい。アラビア語の表現の面白さが出ているものや、日本語と本当によく似た感覚のものもあるのには驚かされる。

　なおアラビア語では、例えば英語―日本語にあるような活用辞典（単語の様々な用例を示すための辞書）はまだ存在しない。アラビア語では比喩の研究など色々の修辞学は早くから発達したが、現代のわれわれがいうような、活用・表現辞典のようなものがあれば、どれだけ助かるかというのが率直な気持である。ちなみに、ことの自然として、英語―アラビア語の間にも残念ながら存在しない。

　唯一の救いは、Hans Wehr　の辞書には、相当数の言い回しが掲載されていることである。だから自分の気に入った表現を見つけたら、メモをして必ず収集し蓄積するという努力が、まだまだ一番の味方かと思われる。以下は筆者によるそのような収集の結果でもある。

---

ありったけの〜を使いはたす　　أفرغ ما في جَعْبَته من ---

　「弾倉にある〜をみんな空にする」と言っている。矢が尽きた、といったところである。

　その本を書くのに、彼はありったけの知識を使い果たした。

أفرغ ما في جعبته من معارف في تأليف هذا الكتاب.

---

一時の悩みにすぎない　　ما هي إلا سَحابة غيمٍ قد تنقشِع.

---

115

「いずれは散る雲に過ぎない」と言っているが、その気持は、くよく
よするな、といったところである。この表現自体が一つの文章になって
いる。

---

**一体全体！　それは無理だ**　كيف تقلِّني الأرض وتُظلِّني السماء.

「どうやって大地が私を乗せて運んで、空が私に陰を与えようか」
と言っているのは、とてもできそうにないことを指している。中東な
ので大地は広大な砂漠で、空とは灼熱の太陽が照る青空を思ってみよ
う。砂漠はラクダに乗って運ばれ、陰はナツメヤシの木が与えてくれ
るものである。英語の、What on earth!　What in the world! が思い
出される。

この表現も一つの文章で、動詞は、أقلّ ، أظلّ　で、第４型である。

---

**噛み付いて離さない**　عضّ ( ُ ) عليه بالنواجِذ

「臼歯でそれに噛み付く」と言っている。物事をしっかりつかんで
離さないことである。

問題の核心を、彼はしっかりつかんで離さなかった。

عض على كنه القضية بالنواجذ.

---

**考えがひらめく**　قدَح ( ُ ) زِنادَ أفكارِهِ

「考えの火をつける」と言っているが、パチッとつける動作だから、
閃くという訳が当てはまるだろう。ちなみにタバコのライターは、قذّاح
と呼ばれている。この表現は一つの文章になっている。

### 関係が全然ない　لا ناقة لي فيها ولا جَمَل

　「その中には私の牝ラクダも牡ラクダもいない」と言っている。何とも砂漠的な表現だが、生活に根ざしたものは、日本にいてもピンとくるところがあるのではないだろうか。この言い回しも一つの文章の形だ。

### 琴線に触れる　ضرب ( ◌ُ ) على الوتر الحَسّاس

　文字通り「感じやすい糸を叩く」と言っている。人の細かな心情に訴える、という意味で、日本語の琴線に触れるという表現に瓜二つである。この表現も一つの文章になっている。

### 言葉だけだ　سمع جعجعةً وما رأى طحنًا

　「石臼のゴロゴロ回転する音ばかり聞かされて、少しも粉が出てこない」と言っている。どの国でもありそうなことだ。空念仏や呼び声ばかり、と言った意味だ。

### 幸いに成功する　تكلّل بالنجاح

　إكليل جـ أكاليلُ　と言えば、王冠のことだが、成功という王冠を被らせてもらった、と言っている。これもただ「成功した」とだけ直接にいうよりも、よほど気が利いている。文字どおり、表現力増強になるだろう。

### 失敗に見舞われる　باء ( ◌ُ ) بالفشلِ

　ただ「失敗した」　فشِل ( ◌َ ) فشْل　と直接いうのではなく、「見舞われる」という一言を入れるところが味噌である。上記と同様に、表現力を豊かにする。

メモ

## 29課　古典表現の活用－その2

しらみつぶしに探す　فلّى فلْيَ الرأس ( تفلية الرأس)

　「頭のしらみを探す」と言っている。その意味は日本語と瓜二つで、徹底的に捜査することである。動詞　فلّى　は第2型だが、目的語の　فلْي　は第1型の動名詞だ。また（　）内の　تفلية　は、第2型の動名詞である。動詞は、فلّى　以外もありうる。

　容疑者探しを警察はしらみつぶしに行った。

كشفت الشرطة عن المشتبه فيه تفلية الرأس.

---

若干年数の間に　في سنين تعَدّ على الأصابع

　「指で数えられる年数の間に」と言っている。日本語でいう「十指に入る」、に近い感覚である。

　この町は若干の年月の間に、発展した。

تطورت هذه المدينة في سنين تعدّ على الأصابع.

---

青春の真盛り　في عِزّ شبابه ، في عُنفوان شبابه ، في ذِروة شبابه ، في قِمة شبابه

　どれもほぼ同じ。それぞれの語根の意味合いも汲んでおこう。

　一番目は、力強さ、二番目は、盛り、三番目と四番目は、頂上である。しかし日本語でいうようなロマンティックな発想よりは、アラビア語の場合、青春はなかんずく最も勢力旺盛な時期という意味合いで使われていることも、留意しておこう。

　幼年期のことは、爪の柔らかい間に、ともいう。　في نعومة أظفاره

---

全国で　في طول البلاد وعرضها ، في كل أنحاء البلاد ، من مشارق البلاد إلى مغاربها

　一番目は国の縦と横すべてで、二番目は隅から隅まで、三番目は、日の上るところから日の沈むところまで、という発想。

119

## 全然わかっていない　　لا يعرف الكُوعَ من البُوع ، لا يعرف الحيّ من اللِّيّ

　前者は「膝とひじの違いが分かっていない」と言っている。ひじが
بُوع　で、膝は折れ曲がるところという意味の、كُوع　である。
　後者は「蛇とホースの違いが分かっていない」と言っている。蛇は、
حيّ　で、水を撒いたり、トルコ煙草を吸うパイプが、لِيّ　だ。
　これらの言い回しは、次に取り上げる「立ち回りがうまい」の反義
語にもなっていると言えよう。

## 立ち回りがうまい　　يَعرف مِن أين تؤكل الكتِف

　「どこから肩の肉を食べればよいかを知っている」という表現であ
る。つまりよい肉の部分の食べ方を知っているということで、世渡り
上手にもなっている。なお肩　كتف　はからだの部分で左右両方揃っ
ている部位だから、眼や耳と同様女性名詞である。

## 全体で　　برمّتِه

　「ラクダの首の回り全体を」と言っているが、意味は転化して、何
であれその全体のことをさすようになった。現在ではほとんど、ラク
ダとの意味上の連想はなくなっている。アラビア語の近代改革の中で、
生活実態と関係ない表現を廃止しようという呼びかけの筆頭にこの成
句が上げられたことがあった。しかしその効果は全く見られずに、し
っかり現在も日常的に重用されるものである。言葉は行政命令で決ま
るのではなく、人の心情に依拠する生き物である。

## 鳥肌が立つ　　اقْشعرّ البَدَن

　最初の動詞は 4 根動詞で、震えるという意味。この言い回しは、ゾッ
とする、といった意味合いである。しかしこの場合のような感情は抜き
にして、ただ体が震えるのならば動詞としては、اهتزّ という　هزّ　の
第 8 型動詞がある。

## 平静を取り戻した　　عادت المياه إلى مجاريها الطبيعية

「水がその元の水路に戻った」と言っている。第一次大戦後のアメリカのウイルソン大統領の掛け声、Back to normalicy を思い起こさせる。

---

## 激しく戦う　　قضّ ( ُ ) مضاجِعُهم بـ ---

「かれらの寝所を〜で破壊する」と言っている。それほどまでに、激しく戦うという意味である。

　スペインと英国海軍は大砲で激しく戦い、ついに世界制覇を成し遂げた。

قضت القوات البحرية البريطانية مضاجع إسبانيا بمدافعها  الأمر الذي مكنها من السيطرة على العالم

---

.

## 筆舌を尽くす　　وإنْ كان البحر مِداداً والشجر قلماً.

クルアーンに「たとえ海が主の御言葉を記すための墨であっても、主の御言葉が尽きないうちに、海は必ず使い尽くされよう。」（洞窟章109）というのがある。ここでも「たとえ海が墨であっても、樹木が筆であっても」と言っている。それほど、書いても書いても、まだ書き足りない、という意味である。

　そのすばらしい美しさは、筆舌を尽くしても形容できない。

لا يمكن وصف ذلك الجمال الخلاب وإن كان البحر مدادا والشجر قلما.

---

## 全く進展なし　　--- قيدَ أنملة

否定文に続いて、「指先ほども」というと、否定を強調する効果が出る。古典にも、また今もよく見る古くからの表現法である。

　会議を重ねても、全く事態に進展はなかった。

لم تقدم الأمر قيد أنملة ولو تكرر عقد الاجتماع.

---

## まんじりともしない　　قَبَع ( َ ) قبوع القواقع في أصدافها

121

「カタツムリがその貝に頭を引っ込めるようにする」と言っている。
様子をよく描写している。

　彼は流動的な政治情勢を観察するため、まんじりともしなかった。
من أجل أن يراقب الأحوال السياسية المتغيرة، قبع قبوع القواقع في أصدافها.

---

メモ

## 30課　語順どおりの理解

「スラスラ読み書きできる」と言って、言葉がよくできることを表現する。要するにそれは、出てくる語順通りに理解するということでもある。何語でもそれは同じだ。毎週の曜日は月火水木金土の順であり、それ以外に頭に入れようとするのは徒労であり、誤解も生じるだろう。しかしアラビア語を語順通りに理解するには、やはり固有の課題がある。すでに本書で大なり小なり述べてきたことも含めて、改めてそれをまとめておきたい。

### 1. 関係代名詞

　関係代名詞が使用されているとどうしても一度小休止を入れて、であるところの、といった調子で、文章を逆転しないと意味が把握しにくい問題がある。

　この問題は、英語ですでに多くの人が経験しているであろう。アラビア語ではさらに、関係代名詞で指示される前文の語彙をもう一度関係代名詞以下の文章で繰り返して指示代名詞として再登場させる必要があることになっているので、複雑だ。ただしその関係代名詞が主語として扱われるときは、繰り返す必要はない。

　　私が書いた手紙を、彼は読んだ。قرأ الخطاب الذي كتبته.
　　私が書いた手紙は、日本語だった。كتبت الخطاب الذي كان باللغة اليابانية.

　これは入門で習った事柄ではあろうが、このハードルを自然に乗り越える技量がこれからは求められる。そのための最善と思われるヒントは 7 課において述べた。すべての関係代名詞はそのまま、و　に置き換えられるという原則である。それだけ気楽に関係代名詞と付き合うことが出来るし、過度の緊張感やいらぬ気苦労からは解放されてほしいのである。

2．単語習得のポイント二つ

　語順通りに理解するための基礎作りは、やはり各単語の着実な習得に掛かっていることが、大鉄則である。

（1）意味論のアラビア語学習上の意味

　第 13 課で意味論に言及したが、それを繰り返すことから始めたい。

　言葉にはそれぞれ意味を支配する領域があり、それはアラビア語では日本語と異なっているという事実をはっきり意識することが、意味論に言及した第一の理由である。アラビア語で、あれっ、どうしてかなと、感じる瞬間が誰にでもあるはずだが、そのようなときが日本語との間のずれを自分で発見できる好機である。各単語に固有の支配する領域があるということは、それぞれを膨らみを持った意味合いで理解し、記憶に蓄積する必要があるということになる。

　例えばアラブ人は人にありがとう　شكرا　とあまり言わないといって不満を漏らす人がいるが、それはアラブでは礼をいうべき最初の相手は神であるからだ。さらには親切な行為は、それをする人の神への義務でもあるのだ。

　また例えば権利と訳されることが多い、حق　という言葉も神から見てあるべき姿、が原義である。だからそれはしばしば、義務という訳の方が良い場合も出てくる。

　最後の事例は、إن شاء الله　である。神が望まれなければ、何事も生じないのだから、これは全くまじめな言葉である。しかし半分は、その場の取り繕いか誤魔化しのためにも使用されているのが現実だ。アラブ人ならばその区別が間違いなく瞬時にされているが、日本人には取り付く島もないのが現状だ。肝心なことは、それら両様があることを念頭に置いて、日々の具体的な場面で、自分の経験知を確かめ記憶の層を重ねる努力であろう。

（2）語根の把握の習性と敏速さ

　アラビア語の最大の特典である語根は、意味の基本を与えてくれるので、まず常に語根で単語の原義を確かめるという習慣をつけることである。所得 دخل 、月給 مرتب (شهري)、ボーナス علاوة 、

124

手当て بديل などの違いについて語根で確かめれば、アラビア語の記憶もしっかりし、また混同して誤って使うこともないだろう。

　語根の把握がしっかりすれば、たとえ未知の派生形や活用形の単語に出くわしてもその語根に遡行して、その意味もほぼ間違いなく理解できるという大きな利点もある。それを指してアラブ人は、アラビア語は「意味を与えてくれる」と言うのである。

## 3. 繰り返し論法について

　順序どおりということは、アラブ人の思考様式にそのまま密着してゆくということに他ならない。それには狭い意味の語学を越えた大きな視点も指摘する必要がある。それは文章一つ一つを超えた、論の運び方の問題である。

　アラブの場合、緻密な三段論法による議論の展開よりは、小さな議論をつなぎ合わせて進める発想が普通である。小宇宙の集合がアラブのより自然な発想の世界である。これは千夜一夜物語の世界でもある。またアラブの書名で「真珠の首輪」というのがあるが、これも小宇宙の連続という発想を推し量るのに役立つだろう。

　さらに言えば、三段論法ではなくて顕著なのは、繰り返し論法である。演説でも詩歌でも、アラブ文化の基底にあるこの非西欧の論法になじむ必要があると言えよう。歌のメロディーなどはだれしもすぐに認識できるが、繰り返される中に少しずつ変化が加えられるのだ。それが彼らの何とも汲み尽くせない楽しみの源泉なのである。クルアーンにも何度同じテーマが少しずつ表現や順序を変えながら、繰り返されていることか。

　以上の諸点が過不足なくマスターできれば、語順通りの理解がほぼ達成できると期待される。それがなければ、新聞の社説を読むのも肩が凝り、ニュースを聞くのはとても「スラスラ」とは行かないのが、目に見えている。

メモ

## おわりに

　はじめに教養人としてのアラビア語理解を目標に定めたが、少し言語学習を越えた側面も考えておこう。それは、アラビア語で考える訓練をするということである。

　ヨガか座禅のようだが、心理作戦も考えてみよう。目を閉じて赤子に戻った気持ちになり、真っ白の頭の中を空想する、そこへ一点の墨が落とされた、その黒点は白の中に滲んで広がり、やがて止まる。次は赤、そして青と色々な色の領域が互いに無関係、あるいは重なり合いつつ形成されていく。そしてこれが言語世界となるのである。アラビア語で新規獲得した単語や言い回しは、このようにして大切に自分の記憶システムに蓄積していくことにしよう。

　ある日突然、アラビア語で寝言を言うようになるだろうか。そうなれば本望達成の大収穫である。アラビア語で考えるようになる時の大きな利点は、

① 第一には、アラビア語学習が楽しくなる。単に頭に詰め込もうとするのではなく、新たな単語や表現を記憶装置にしまう時に、整理しようとする能動的な判断が重きを占めるからである。それは知的快感であり、習得しているという達成感や前進感覚に響くものがあるのだろう。

② 常にアラビア語の世界に入ることを求めつつ進んできた人は、その学習が長続きする。簡単にいうと一生ものになるのである。このほとんど汲みつくせない無尽蔵の世界が面白く、生涯付き合う喜びになる。

　アラビア語学習は大変な時間と費用、そして何よりも莫大な知的エネルギーを投入する、巨大プロジェクトのようなものだ。それが人生上の、本物の資産になるかならないかは、学習の仕方という、以上のような学習者の姿勢にかかっているということになるだろう。

　最後になるが、本書出版に当たり国書刊行会佐藤今朝夫社長のご理解と中川原徹様のご協力につき、謝辞を記したい。

著者略歴

# 水谷　周（みずたに　まこと）

京都大学文学部卒、博士号取得（イスラーム思想史、ユタ大学）、アラブ　イスラーム学院学術顧問、日本アラビア語教育学会理事、日本ムスリム協会理事、現代イスラーム研究センター理事、国際宗教研究所顧問など。アラビア語関係の著作では、『アラビア語翻訳講座』全3巻、『アラビア語の歴史』いずれも国書刊行会、2010年。 الأديان في『過去と未来の間の日本の宗教』ベイルート、ダール・アルクトゥブ・アルイルミーヤ、2007. الليبرالية في القرن『اليابان بين الماضي والمستقبل، بيروت، دار الكتب العلمية، 2007.العشرين – نماذج فكرية مصرية: أحمد أمين وحسين أمين، القاهرة، مجموعة النيل العربية، 2016 『20世紀における自由主義—エジプトの思想事例：アハマド・アミーンとフセイン・アミーン』カイロ、マジュムーア・アルニール・アルアラビーヤ、2016年。 "نحوفهم عقائدي متبادل بين المجتمع الإسلامي والمجتمع الياباني- روح الإيمان والشعور بخيبةالرجاء والأمل" 「イスラーム社会と日本社会の宗教的相互理解へ向けて—宗教への失望と信仰心」、『サウジアラビアと日本の関係—現状と将来への展望・研究論文集』アラブ　イスラーム学院研究叢書6、2006年。この他、イスラーム関係著作多数。

1日1課のアラビア語——教室から実社会へ

2018年10月25日　初版第1刷発行

著　者　水　谷　　周
発行者　佐　藤　今　朝　夫

〒174-0056 東京都板橋区志村1-13-15
発行所　株式会社　国書刊行会
TEL.03（5970）7421（代表）　FAX.03（5970）7427
http://www.kokusho.co.jp
装幀　真志田桐子
©Makoto Mizutani, 2018 ©kokushokankokai, Inc., 2018. Printed in Japan

印刷・製本　株式会社エーヴィスシステムズ　　ISBN978-4-336-06305-2
定価はカバーに表示されています。落丁本・乱丁本はお取替いたします。
本書の無断転写（コピー）は著作権法上の例外を除き、禁じられています。